保育内容 「人間関係」

理論から実践まで

塩野谷 斉 【編著】

講談社

編 者

塩野谷 斉
鳥取大学地域学部教授・副学部長
専門は保育学。元鳥取大学附属幼稚園長・特別支援学校長

執筆者

第1章	塩野谷 斉	鳥取大学地域学部教授・副学部長
第2章	矢島 毅昌	島根県立大学人間文化学部准教授
第3章	福山 寛志	鳥取大学地域学部講師
第4章	平川 久美子	宮城学院女子大学教育学部准教授
第5章	薮田 弘美	美作大学生活科学部准教授
第6章	小川 房子	武蔵野大学教育学部准教授
第7章	飯島 典子	宮城教育大学教育学部准教授
第8章	谷島 直樹	学校法人清明学園 幼保連携型認定こども園おかだまのもり園長
第9章	市川 智之	美作大学生活科学部講師
第10章	神谷 哲司	東北大学大学院教育学研究科教授
第11章	藤田 裕之	智頭町立ちづ保育園主任保育士
第12章	山本 紗弓	鳥取大学附属小学校教諭
第13章	松好 伸一	仙台白百合女子大学人間学部講師
コラム1	傳宝 光	育サポでんちゃん代表
コラム2	青木 幹生	児童養護施設立正青葉学園・児童家庭支援センターつむぎ統括施設長
コラム3	鍋田 まゆ	社会福祉法人黒肥地福祉会 黒肥地保育園主任保育士
コラム4	居原田 洋子	美作大学短期大学部教授
コラム5	溝口 義朗	東京都認証保育所 ウッディキッズ園長

イラスト／ホンマヨウヘイ
装幀／相京厚史（next door design）

はじめに

　都市化と過疎化、少子化等を背景として、地域における人間関係の希薄化が問題となっています。それは、子どもの社会も例外ではありません。人間関係に関わる経験が十分に保障されず、様々な課題を生んでいると言われます。

　本書は、このような問題意識をもとに、幼稚園教育要領等の5領域の一つ「人間関係」のテキストとして、保育者養成校での15回の授業で使いやすいように13章にまとめました。加えて、読者が保育現場の実際の様子をイメージ化しやすく、さらに視野を広げられるようにコラムを5つ挟んでいます。

　第1章は、主に領域「人間関係」を理解するための社会的背景について解説します。第2章は、他の領域「健康」「環境」「言葉」「表現」との関係について説明します。第3〜4章は、3歳未満と3歳以上に分けて、子どもの人間関係の学習に不可欠な子どもの発達について理解を求めます。

　第5章は、幼稚園や保育所等の中心的な活動である子どもの遊びについて解説します。そして、第6章で「人間関係」に関わる保育者の役割、第7章で特別な配慮を必要とする子どもへの理解、さらに第8章では特に多文化との関わりについて理解を深めていきます。

　第9章は、保育者と保護者の関係について考察します。そして第10章で、肝心の保育者の仕事について、感情労働といわれる労働の特性を踏まえて解説します。その上で、第11章では地域との関わりへと視野を広げます。さらに、第12章は、小学校との連携に関わる人間関係について、最後に第13章では、特に保育の計画等における配慮について理解を求めます。

　執筆者は、幼稚園教諭・保育士等の養成校で領域「人間関係」に関わる授業を担当する教員、保育現場で実際に子どもと関わる保育者たちです。内容の確かさはもちろんですが、同時にわかりやすさを重視して、実際の子どもたちの姿が目に浮かぶようなエピソードを取り入れることも心がけました。

　本書は、執筆者それぞれの専門を踏まえて、最新の研究成果、近年の保育現場の実態にも触れています。幼児教育・保育を学ぶ学生に向けたテキストの形式ではありますが、すでに現場に立つ保育者はもちろん、この分野の研究者、さらには保護者の皆様にもご一読いただきたいと考えています。

2024年9月

編者　塩野谷 斉

目次

はじめに iii

第1章 地域社会の変容と人間関係　1

- 1.1 家族のあり方と子育て 1
- 1.2 現代の孤独な子育て 3
- 1.3 子どもが育つ地域のあり様 4
- 1.4 領域「人間関係」の「ねらい」と「内容」 7

第2章 領域「人間関係」と他の領域との関係　10

- 2.1 領域「人間関係」との関係で他の領域を捉える 10
- 2.2 「ねらい及び内容」と他の4領域 11
- 2.3 各領域の「内容の取扱い」と領域「人間関係」 14
- 2.4 領域「人間関係」の理解を深める 17

第3章 0歳から3歳までの発達と人間関係　19

- 3.1 諸感覚と運動の発達と人間関係 19
- 3.2 アタッチメント（愛着） 21
- 3.3 対人相互作用の発達 23
    - コラム1　子どもの本音と育児の裏側 28

第4章 3歳から就学前までの発達と人間関係　30

- 4.1 他児との関わりを通した育ち ……………………………… 30
- 4.2 心の状態に関する理解の発達 ……………………………… 32
- 4.3 自己制御の発達 ……………………………………………… 34
- 4.4 道徳性・規範意識の芽生え ………………………………… 36
  - コラム2　児童養護施設における人間関係 ………………… 39

第5章 子どもの遊びと人間関係　41

- 5.1 子どもの育ちと遊びの関係性 ……………………………… 41
- 5.2 子どもにとっての遊びの有用性 …………………………… 42
- 5.3 遊びの中での人間関係 ……………………………………… 42
- 5.4 子どもの遊びと保育者の課題 ……………………………… 49
  - コラム3　異年齢保育と子どもの人間関係 ………………… 51

第6章 保育者が支える子どもの人間関係　53

- 6.1 子どもを取り巻く人間関係 ………………………………… 53
- 6.2 他者との関わりの中で育つ「人と関わる力」……………… 54
- 6.3 保育者との双方向の関わりの中で育つもの ……………… 60
- 6.4 「安心の基地」であり「安全な避難所」としての保育者 … 62
  - コラム4　紙芝居がつなぐ人と人との関わり ……………… 63

第7章 特別な配慮を必要とする子どもの人間関係　65

- 7.1 特別な配慮を必要とする子どもと領域「人間関係」　65
- 7.2 特別な配慮を必要とする子どもの育ちを援助する　68
- 7.3 特別な配慮を必要とする子どもの仲間関係を育てる　71
- 7.4 仲間と共に生きる中で育む人間関係　73

第8章 保育における多文化共生と人間関係　75

- 8.1 日本における多文化共生に向けた取り組み　75
- 8.2 諸外国による多文化共生に向けた取り組み　77
- 8.3 多文化共生保育に向けた保育者の意識　80

第9章 保育者と保護者の人間関係　84

- 9.1 保育者と保護者の人間関係を考える2つの視点　84
- 9.2 「伴走者」としての保育者　85
- 9.3 「協力者」としての保育者　90
  - コラム5 保育所という制度にたくす夢　94

第10章 保育者の感情労働と人間関係　96

- 10.1 保育と感情労働　96

10.2	保育という仕事の構造と感情	98
10.3	不適切保育から感情労働を考える	100
10.4	保育者の専門性としての「省察」と人間関係	102

第11章 保育における地域社会との関わり　105

| 11.1 | 地域社会における園の役割 | 105 |
| 11.2 | 地域資源を保育に活かす | 110 |

第12章 幼保小連携・接続と子どもの人間関係　114

12.1	幼保小の連携と接続の意義	114
12.2	幼稚園・保育所等と小学校との連携	116
12.3	幼稚園・保育所等と小学校との接続	120
12.4	連携・接続における今日的課題	123

第13章 保育の計画・評価と領域「人間関係」　124

13.1	領域「人間関係」の難しさ	124
13.2	保育における指導計画	128
13.3	指導計画の評価・反省	132

索引　134

第1章 地域社会の変容と人間関係

> 今日の社会は、都市化、核家族化、少子化等を背景として、地域社会のつながりが弱くなったと言われます。つまり、人間関係が希薄化したというのです。しかし、それで私たちの社会は本当に維持・発展できるのでしょうか。その点で、乳幼児期からよりよい人間関係を育むことの意義は、特に確認しておく必要があります。幼稚園教育要領等の領域「人間関係」の「ねらい」と「内容」は、そのような社会的背景を押さえた上で理解したいと思います。

1.1 家族のあり方と子育て

(1) 大家族の子育てと人間関係

　一般に、かつてはきょうだい数も多く祖父母も同居が当たり前で、家族規模が大きかったというイメージがあるかもしれません。そのとき例に挙げられるのが、例えば養蚕で知られた岐阜県庄川流域の白川郷の暮らしだと思います。上階で多くの蚕を飼っていた合掌造り[*1]と言われる大きな家屋に、多いときには50人近い人が"家の人"として生活を共にしたと言います。そこでは、複数の親や子らがいて子育てを行っていたわけですが、"かか"と呼ばれる一人の女性が同時に数人の赤ちゃんの面倒を見ることもあったそうです。そして、仕事から帰った母親は、自分の子どもであるかどうかにかかわらずお腹が空いていそうな赤ん坊から乳を与えたと言います。

　しかし実際には、白川郷のような大家族のあり方は、むしろ例外であったのです。養蚕というたいへん人手のいる生業を行うとき、このような大家族が必要であったというわけです。ですから、同じ庄川流域でも、田畑が営まれるところではこういった家族形態はとられませんでした。つまり、生糸産業が盛んだった明治期を中心に存在した、むしろ例外的な家族の有り様だったのです[1)]。

[*1] 合掌造りは、江戸時代中期以降に造られた急勾配の茅葺きの屋根を持つ家屋の建築様式。人が拝むときに手を合わせた姿に似ていることから呼ばれるようになったとされる。白川郷の他、五箇山（富山県）が有名。

▲合掌造り

（2）家族形態の主流としての核家族

　都市化が進むにつれて、人々は互いの関係を希薄化していったという話は、よく耳にすると思います。そして、かつてのような祖父母同居の大家族が減り、両親と子どもだけの核家族が増えて、子どもは限られた人間関係の中で育たざるを得なくなったと言われています。確かに、戦後の高度経済成長が、人々が生まれ育った土地を離れて都市へ仕事を求めて移動することを促したことは間違いありません。その結果、地縁や血縁といった人と人とのつながりが薄くなったというのも、大筋ではその通りだと思います。

　しかし、もう少し冷静に事態を捉えてみたいと思います。ここで特に取り上げるのは、核家族化の問題です。例えば、筆者の両親は、二人ともいわゆる昭和一桁の生まれです。父は7人きょうだいの上から2番目、母は同じく7人きょうだいの下から2番目です。今日の感覚では、ずいぶんきょうだいが多かったように思われるかもしれませんが、当時は別に珍しくありませんでした。さて、三世代同居の大家族を作るのは誰かと言えば、基本的には長男と長男に嫁した女性ということになるはずです。ということは、7人きょうだいならば、それ以外の5～6人は生まれた家を出て、新しく核家族を形成するのが自然だと考えられます。だとしたら、きょうだい数の多い昔のほうが、むしろ核家族が多いことになるはずです。ちなみに、筆者の両親も生家を出て核家族を作りました。

　実は、様々な家族形態ごとに全体に占める割合で見たら、核家族はこの100年、そんなに変わっていないのです（図1-1）。ほぼ6割前後で推移しています。確かに総数は増えているのですが（1920年1,040万世帯、2020年3,389万世帯）[2]、割合としては、近年ではむしろ少しずつ減少しているくらいです。社会の中で主流を占める家族形態は、ずいぶん以前から核家族だったと言ってよいでしょう。問題は、その核家族同士が蛸壺のように各家庭に

図1-1
普通世帯における核家族世帯等の割合
（国立社会保障・人口問題研究所編集『2023　人口の動向　日本と世界―人口統計資料集―』厚生労働統計協会、2023年、p.121より作成。普通世帯とは、住居と生計を共にしている人の集まり又は一戸を構えて住んでいる単身者のことを言う。会社などの独身寮の単身者などは普通世帯とは言わず、準世帯と言う。1940年はデータなし）

引きこもってしまったことであり、逆にかつては"向こう三軒両隣"という言葉があったように、互いが親しく交わることが多かったということです。それは、ご近所同士でちょっと赤ちゃんを預かり合うようなことなど、子どもを含めた地域社会の人間関係の豊かさを示すものでもありました。

ちなみに、割合が圧倒的に増えたのは、世帯員が1人だけの単独世帯なのです。忙しい仕事を抱えて、会社とアパートを往復するばかりの毎日という、働き盛り世代の姿が思い浮かぶかもしれません。この点も、人と人とのつながりの弱体化を進める背景になったものと考えられます。

1.2 現代の孤独な子育て

(1) 密室の母子

以前、保健所勤務の保健師から聞いた話です。赤ちゃんの検診の際に母親から「うちの赤ちゃんはオシッコが青くないのです」と、深刻な顔で言われたそうです。最初は何を言っているのかわからなかったのですが、そのうちに気づいたそうです。当時、テレビコマーシャルで、紙おむつの吸水性が優れていることを示すために、それに青い水をかけて見せる場面があって、その影響だということを。しかし、赤ちゃんのオシッコが青いなどということはありません。そんなことも知らない母親も問題かもしれませんが、それ以上に彼女の近くにそのような当たり前のことを伝えて安心させてくれる誰かがいなかったことも大きな問題です。

若い男女が結婚して家族となり、夫の転勤で移り住んだ先には知り合いがいない。妻は仕事を辞めて専業主婦となり転居先で出産するも、近所に親しく相談できる人はいない。そんなことが実際にあったのですが、それはまさに、帰りの遅い夫（父親）を待つ妻（母親）が赤ちゃんと二人、密室のようなアパートで不安で孤独な子育てを行うという状況でした。それは、人と人とのつながりが豊かであった社会では、あり得ないことでした。

(2) 父親の不在

「密室の母子」と言われる状況に拍車をかけたのは、「父親の不在」です。もちろん単身赴任やひとり親家庭で、物理的にそのような状況のこともあるでしょう。しかしここで言うのは、もっと象徴的な話です。母親がいて子どもがいる、そして同居の父親がいる核家族でも、実際には父親はあまり子育てに関わっていないということです。図1-2、図1-3をご覧いただければ明らかですが、少しずつ改善に向かっているとはいえ、今でも子育ては母親一人

図1-2（左図）
6歳未満の子供を持つ夫・妻の育児時間の推移（1週間の育児時間、2001年〜2021年）

図1-3（右図）
6歳未満の子供を持つ夫・妻の家事関連時間の推移（1週間の家事関連時間、2001年〜2021年）

（図1-2、1-3とも総務省「令和3年社会生活基本調査」（5年ごとに実施）より作成。
https://www.stat.go.jp/data/shakai/2021/pdf/gaiyoua.pdf
2024年1月24日最終閲覧）

の肩に重くのしかかっているのです。

（3）子育てにおける地域社会の薄い関わり

「青いオシッコ」の例からは、保護者の周りに親しく子育てを支えてくれる人がいないという、都市部を中心とした今日の社会のあり様が見てとれます。しかし、このような状況は、保護者はもちろん、子どもにとってもけっして望ましいことではありません。特に子どもが幼いうちは、言葉が通じない相手に対して、思い通りにならない子育てに、保護者が不安を感じイライラが嵩じて、つい子どもに手が出てしまうこともあり得ます。そもそも子育てはうまくいって当たり前、うまくいっても誰もほめてくれないという背景があることも見逃せません。子育て当事者の立場、ことに母親の立場からは、必ずしも親子に温かくない社会のあり様が見えてくると思います。

もちろんこのような状況に対して、私たちの社会は何もしなかったわけではありません。現在、幼稚園等の多くの保育現場では、地域の子育て家庭支援に熱心に取り組んでいます。あるいは、法令のレベルでも、子ども・子育て支援法（2012年法律第65号）は、第5条に「国民は、子ども・子育て支援の重要性に対する関心と理解を深めるとともに、国又は地方公共団体が講ずる子ども・子育て支援に協力しなければならない」と定めています。しかしこれらは、見方を変えれば、敢えてそのような法令や施策が求められる現実を意味してもいるのです。

1.3　子どもが育つ地域のあり様

（1）地域における子ども集団の解体と幼稚園等への期待

第5章と第6章でも触れますが、今日では、地域社会において子ども同士

の人間関係が豊かになりにくい状況があります。子どもが遊ばなくなった、あるいは、遊べなくなったという話を耳にすることがあると思います。その理由としては、「3間の喪失」が挙げられます。すなわち、時間、空間、仲間の3つの間が地域から失われてきたというわけです。

今の子どもは忙しいと言われます。塾や習い事に追われますし、たとえ自分が暇でもお友だちは忙しいということもあり得ます。図1-4は、定期的に塾や教室に通う子どもの割合を示すものです。具体的には、進学塾、英会話・英語教室、習字・硬筆、補習塾、そろばん、計算や漢字などのプリント教材教室、学校が行う補習教室、算数・数学教室、能力開発のための幼児教室、国語・作文教室、その他の習い事などに通う子どもの割合を示します。このような傾向は、必ずしも幼児期も例外ではありません。幼児でも2割程度の子どもが何らかの習い事をしていることがわかります。一人でいくつも掛け持ちで通うことも珍しくありません。

図1-4
教室学習活動の実施率（％）
（ベネッセ教育総合研究所「第3回 学校外教育活動に関する調査2017」より作成。https://berd.benesse.jp/shotouchutou/research/detail1.php?id=5210　2024年1月24日最終閲覧）

もちろん少子化の中で、近所に同じくらいの年齢の子どもがいないという状況もあるでしょう。加えて、そもそも適当な遊び場が近所にないということもあり得ます。公園があるかもしれませんが、実はずいぶん以前から、整備された公園では、子どもたちはあまり遊んでいなかったことが明らかにされています。ボール遊びや遊具の使い方に制約の多い公園よりも、もっと自由に遊ぶことができる空地、原っぱや広っぱと呼ばれた空間が、今ではもうほとんどないのが当たり前ではないでしょうか[*2 3)]。今どきそんなところで遊んでいるのは、テレビアニメ「ドラえもん」に登場するのび太やジャイアンたちくらいだろうと言いたくなります。

もう一つ問題となるのは、子どもたちが遊び方そのものを失ってしまったのではないかということです。「3間」が保障されていた時代の子どもたちは、放課後や休日に異年齢で一緒に遊んでいました。そのときに年上の子どもから年下の子どもへ、自ずと遊び方（方法）が伝承されていたのです。オニごっこは、特段に説明されなくても、大きな子どもがリードする中で、小

*2 この点に関して、各地に設けられるようになったプレーパーク（冒険遊び場）は、地域の子どものために自由な遊び空間を取り戻すための住民による試みと捉えることができる。

さな子どもも自然と必要なルールを身に付けることができたというわけです。地方にもよりますが、幼児の場合、「おみそ」などと呼ばれて、捕まってもオニにならなくて済むという特別待遇が与えられていました。それでも遊びの仲間であり、その一員として遊びの方法を次第に身に付けたと考えられます。

この点について、まさに「こどものあそびは、あそび場があるだけでは成立しない。あそび時間、あそび友達、あそび方法がなくてはならない」[4]として、「あそび環境の4要素」の必要性が指摘されています。とても大切な見方ですが、例えば乳幼児期の子どもの場合、そのような4要素が揃うところは、今日の地域社会では、幼稚園や保育所等であると言えるでしょう。幼稚園等の保育の場は、幼い子どもたちの身近にあって、「3間」だけでなく、言わば遊びのプロである保育者がいて、子ども同士をはじめとする人間関係を取り持ちながら、豊かな遊びの方法を伝えてくれるからです。

(2) 地域社会における子育ての関わり

「江戸の人びとは『子は宝』といい、その誕生は親ばかりか、地域ぐるみで喜び、祝い、大切に育てようとした」[5]と言います。その点で象徴的なのが、仮親の存在かもしれません。子どもの誕生や成長の節々で、大勢の大人が仮の親として関わったことが知られています。取り上げ親、乳親、名付け親（名親）、抱き親、行き会い親、養い親、拾い親、守り親、帯親、ふんどし親、湯文字親、烏帽子親、仲人親、鉄漿親など、いちいち説明するには紙面が足りないくらい多くの人の関わりがありました。

同時に、子どもの成長の節々というより、もっと日常的に子どもたちは、地域社会の様々な人間関係に触れて育ちました。この点で、児童文学作家として知られる石井桃子[*3]の回想記は、参考になると思います。彼女は、祖父、祖母、父、母、4人の姉、2人の兄、1人の弟など、大勢の家族と共に子ども時代を過ごしました。しかしそれだけでなく、同じ地域にSちゃん、Nちゃん、Kちゃん、Tちゃんという友だち、そして、伊勢屋、田中さん、不思議な二階屋、かまさん、駄菓子屋「植木屋」など多くの大人たちと豊かな関わりを持っていました。しかもその記憶は、老年期を迎えても極めて鮮明です。そこには、明治の終わりから大正時代にかけての、境遇や家庭環境が違う友だち、家族とは違った大人の温かい視線がありました[6]。

(3) 地域社会と幼稚園・保育所等

もとより昔の子育てや社会を理想化するつもりはありません。しかしながら、子どもが育つ上で、あるいは、子どもを育てる上で、地域社会における人間関係の豊かさが特に求められることを確認しておきたいと思います。そ

*3 石井桃子（1907—2008年）は埼玉県浦和生まれの児童文学作家、翻訳家、編集者。『ノンちゃん雲に乗る』等の作品の他に、『クマのプーさん』（A.A.ミルン）、『うさこちゃん』シリーズ（D.ブルーナ）等の翻訳で知られる。

のような認識は、近年、保育の現場でも特に高まっています。例えば、保育活動をさらに充実したものにするために、園外の様々な地域環境を活用した保育実践を行う取り組みです。もちろんこのようなことは、大正時代くらいからすでに行われていましたが、近年は特にその意義が強く意識されているように感じます。

地域の自然環境を活用した実践などにとどまらず、園外の人との関わりを開拓し維持することが行われています[7]。あるいは逆に、「子ども、保護者、保育者、地域のコミュニティのウェルビーイングのための役割」[8]を持つ者として、コミュニティコーディネーターを置く保育所等も現れています。そこでは、園の保育をさらに実り豊かにするために地域住民の協力を得るだけでなく、園自体が地域の活性化に寄与する面が見逃せません。子育てを行うための地域環境（人と人とのつながり）を取り戻す動きと捉えることができると思います。

1.4 領域「人間関係」の「ねらい」と「内容」

（1）領域「人間関係」の「ねらい」

以上のような地域社会における人間関係の変化と本来求められるべきそれを考えたとき、領域「人間関係」は、より深く理解できると思います。「幼稚園教育要領」「保育所保育指針」「幼保連携型認定こども園教育・保育要領」における領域「人間関係」は、共通して「他の人々と親しみ、支え合って生活するために、自立心を育て、人と関わる力を養う」ものとされます。これらは、2017年3月に同時に告示されました。内容的にも整合性がとれていて、「ねらい」や「内容」も、特に3歳以上児については共通しています。保育所保育指針を例に挙げれば、3歳以上児の領域「人間関係」の「ねらい」は、次の通りです[9]。

①保育所の生活[*4]を楽しみ、自分の力で行動することの充実感を味わう。
②身近な人と親しみ、関わりを深め、工夫したり、協力したりして一緒に活動する楽しさを味わい、愛情や信頼感をもつ。
③社会生活における望ましい習慣や態度を身に付ける。

these「ねらい」は、まずは園生活において最も身近な園内の人間関係、つまり保育者との関係や子ども同士の関係の中で得られるものでしょう。社会生活における望ましい態度等を身に付けるのも、まずは園内での人との関わりの中で得ていくのだと思います。それらは人間関係が希薄化した

*4 「保育所保育指針」の「保育所の生活」は、「幼稚園教育要領」では「幼稚園生活」に、「幼保連携型認定こども園教育・保育要領」では「幼保連携型認定こども園の生活」になっている。

と言われる今日の社会状況の中では、特に意識して教育・保育の場で取り組まなければならないのです。この点を確認して、日々の保育活動を行っていかなければなりません。そしてそれは、園内の人間関係だけでなく、もっと広い人との関わりの中で育むことが期待されてよいはずです。

（2）領域「人間関係」の内容

　3歳以上児における領域「人間関係」の「内容」に関する保育所保育指針については、第2章でも触れられていますが、まずはここで確認したいと思います。

①保育士等や友達と共に過ごすことの喜びを味わう。
②自分で考え、自分で行動する。
③自分でできることは自分でする。
④いろいろな遊びを楽しみながら物事をやり遂げようとする気持ちをもつ。
⑤友達と積極的に関わりながら喜びや悲しみを共感し合う。
⑥自分の思ったことを相手に伝え、相手の思っていることに気付く。
⑦友達のよさに気付き、一緒に活動する楽しさを味わう。
⑧友達と楽しく活動する中で、共通の目的を見いだし、工夫したり、協力したりなどする。
⑨よいことや悪いことがあることに気付き、考えながら行動する。
⑩友達との関わりを深め、思いやりをもつ。
⑪友達と楽しく生活する中できまりの大切さに気付き、守ろうとする。
⑫共同の遊具や用具を大切にし、皆で使う。
⑬高齢者をはじめ地域の人々などの自分の生活に関係の深いいろいろな人に親しみをもつ。

　この13項目の中で、6項目（①⑤⑦⑧⑩⑪）に「友達」というキーワードが登場することにご注目いただきたいと思います。加えて、「⑫共同の遊具や用具を大切にし、皆で使う」というのも、直接「友達」との関係に関わるものです。「④いろいろな遊びを楽しみながら」も、一人での遊びもありますが、子ども同士の遊びを多く含むものと考えられます。同時に、「②自分で考え、自分で行動する」「③自分でできることは自分でする」「⑨よいことや悪いことがあることに気付き、考えながら行動する」という項目は、保護者などの大人との関わりで必要な場合があるでしょうが、主には子ども同士の関係の中で求められる主体性の大切さを確認するものと言えるでしょう。
　他には、例えば「⑥自分の思ったことを相手に伝え、相手の思っていることに気付く」とあるのも、主には友だち同士の関係で言えることですが、園

生活の中では保育者等の大人との関係も含めて求められることが少なくないと思います。さらには、「⑬高齢者をはじめ地域の人々などの自分の生活に関係の深いいろいろな人に親しみをもつ」とある通り、求められる人間関係は、園外まで広がっています。この点も注意してよいと思います。

友だちとの関わりは、今日では、意識しないと得られないものかもしれません。それが保障されるのがまさに幼稚園等の保育現場というわけです。そこでの遊びを通して子どもたちは、様々な感情を経験しながら、相手のよさに気づき、楽しく協力していくこと、さらには人との関わり方を学んでいくのです。その際に遊びを支えるのは、保育者の大きな役割です。しかもその役割は、ただ遊びの方法を伝えるというだけではありません。例えば、普段の遊びをすべて子どもたちに委ねて放っておいたら、強い子どもが弱い子どもを支配する殺伐とした状況にならないとも限りません。もちろんやたらに関わっては子どもの遊びが子どものものでなくなって、やらせに近いものになりかねませんが、保育者には必要なときに必要なやり方で子どもの世界に介入する責任もあるのです。

詳細は次章以降で説明しますが、年齢を目安とした発達の違いの理解、子どもの遊びへの適切な介入の仕方、特別なニーズを持つ子どもへの対応、さらには必要に応じて園外の人や組織とも関係を取り結ぶことなど、保育者にはより専門性が求められることが多くあるのです。

引用・参考文献

1) 柿崎京一編集代表『白川郷文化フォーラム'93　大家族制』白川村・白川村教育委員会、2001年
2) 国立社会保障・人口問題研究所編集『2023　人口の動向　日本と世界―人口統計資料集―』厚生労働統計協会、2023年、p.121
3) 塩野谷斉・木村歩美編『子どもの遊びと環境―現場からの10の提言』ひとなる書房、2008年、pp.177-182
4) 仙田満『あそび環境のデザイン』鹿島出版会、1987年、p.5
5) 中辻克己『江戸の躾と子育て』祥伝社、2007年、p.14
6) 石井桃子『幼ものがたり』福音館書店、2002年
7) 例えば、塩野谷斉編著、藤田裕之・市川智之・薮田弘美・寺田光成・居原田洋子著『保育における地域環境活用の意義と実践』古今社、2023年。本書では、主に地域の自然環境を活用した保育が意識されていますが、同時に様々な人的環境（地域の人々）の協力を得ている様子を紹介しています。
8) まちの保育園・こども園、東京大学大学院教育学研究科附属発達保育実践政策学センター（Cedep）『保育をひらく「コミュニティコーディネーター」の視点』フレーベル館、2021年、p.9
9) 厚生労働省『保育所保育指針〈平成29年告示〉』フレーベル館、2017年、p.24

第2章 領域「人間関係」と他の領域との関係

実際の保育活動は、領域「人間関係」のみに関わって行われるものではありません。必ず他の領域「健康」「環境」「言葉」「表現」と密接に関わって展開されます。例えば、幼児は身近な自然環境の中で実際に身体を動かし、互いに言葉を交わし、自分の思いを出し合うことによって、人間関係が育まれます。この点の理解は、領域「人間関係」の学習に欠かせない前提です。

2.1 領域「人間関係」との関係で他の領域を捉える

（1）保育のあらゆるもの・こととつながる人間関係

領域「人間関係」は5領域の一つですが、保育という営みが人と人との関わりを通じて行われるものであり、そもそも私たち一人ひとりが常に人間関係の中で生きている存在であることを考えると、保育におけるあらゆるもの・ことを人間関係とのつながりで捉えることができると言えます。ここでは、領域「人間関係」と他の領域「健康」「環境」「言葉」「表現」との関係を、『保育所保育指針』（2017年告示）を手掛かりに理解していきます。なお、本章で取り上げる各領域の「ねらい及び内容」や「内容の取扱い」は、『幼稚園教育要領』『幼保連携型認定こども園教育・保育要領』（同）でも同様の記載となっています[*1]（すでに第1章で共通する「ねらい」については述べました）。

*1 『保育所保育指針』では「保育所」「保育士等」となっている箇所が、『幼稚園教育要領』『幼保連携型認定こども園教育・保育要領』では、「幼稚園」「幼保連携型認定こども園」「先生」「教師」「保育教諭等」のように、それぞれに合った語句になっているが、各領域の教育・保育の内容は同様となっている。

（2）各領域で養う力と領域「人間関係」

『保育所保育指針』では、「1歳以上3歳未満児の保育に関わるねらい及び内容」と「3歳以上児の保育に関わるねらい及び内容」の「ねらい及び内容」において、各領域で養う力について表2-1のように記載しています。

まず、5領域の最初に挙げられている領域「健康」と領域「人間関係」と

の関係では、"自ら"という語句に注目です。自ら健康で安全な生活をつくり出す力は、人間が生きていくために必要不可欠であるものの、人間は生まれてすぐに"自ら"健康で安全な生活をつくり出すことができる存在ではありません。それができる力を養うためには、生まれた子どもと関わる養育者の存在、つまり子どもと養育者との人間関係が欠かせません。

領域「環境」と領域「人間関係」との関係では、周囲の様々な環境に"好奇心や探究心をもって"関わる子どもを取り巻く他者の姿を想像したいところです。子どもが環境に好奇心や探究心をもつにあたり、身近な人々が環境と関わりながら生活する姿は大きな影響力があるでしょう。また、子どもが好奇心や探究心をもてるように周囲の環境への注目を促したり、子どもが抱いた好奇心や探究心を受け止めたりしてくれる人々の存在があることで、子どもの好奇心や探究心が生まれ、持続し、発展していくのではないでしょうか。

領域「言葉」「表現」と領域「人間関係」との関係では、"自分なり"という語句が目を引きます。人間は誰でも"自分なり"の言葉や表現を用いて生活していますが、それは言葉や表現を伝える相手の存在があるからです。そして、言葉や表現を伝えることが可能になるためには、たとえ"自分なり"のものであっても、他者と共有可能なものでなければならず、それには他者の言葉や表現を真似して使いこなすことが必要です。

健康	健康な心と体を育て、<u>自ら</u>健康で安全な生活をつくり出す力を養う。
人間関係	他の人々と親しみ、支え合って生活するために、自立心を育て、人と関わる力を養う。
環境	周囲の様々な環境に<u>好奇心や探究心</u>をもって関わり、それらを生活に取り入れていこうとする力を養う。
言葉	経験したことや考えたことなどを<u>自分なり</u>の言葉で表現し、相手の話す言葉を聞こうとする意欲や態度を育て、言葉に対する感覚や言葉で表現する力を養う。
表現	感じたことや考えたことを<u>自分なり</u>に表現することを通して、豊かな感性や表現する力を養い、創造性を豊かにする。

表2-1
『保育所保育指針』5領域の「ねらい及び内容」に記載された養う力
（下線は引用者）

2.2 「ねらい及び内容」と他の4領域

(1) 領域「人間関係」の「ねらい及び内容」と他の4領域

続いて『保育所保育指針』より、領域「人間関係」の「1歳以上3歳未満児の保育に関わるねらい及び内容」と「3歳以上児の保育に関わるねらい及び内容」に着目します。前者には6項目、後者には13項目の「内容」があ

り、ここからも他の4領域との関係を読み取ることができます。

　実際の保育活動では、子どもの姿を様々な領域の視点で読み取っており、その読み取り方には限りがありませんので、本節と表2-2、表2-3での説明は例示です。皆さんも例示を参考にして、領域「人間関係」と他の4領域との関係がどのようなものとなるのか、発想を広げてください。

（2）領域「健康」と関係する「内容」

　領域「健康」との関係は、まず1歳以上3歳未満児の「①保育士等や周囲の子ども等との安定した関係の中で、共に過ごす心地よさを感じる」から読み取れます。保育所等で他者と生活するためには「安定した関係」や「心地よさ」が大切になりますが、それには子どもの健康な心と体を育むことが不可欠です。養護[*2]の観点からも、このことは常に留意する必要があります。

　3歳以上児の「②自分で考え、自分で行動する」は、領域「健康」が目指す「自ら健康で安全な生活をつくり出す力を養う」ことと相互に関係し合うと言えます。「自ら健康で安全な生活をつくり出す」には「自分で考え、自分で行動する」ことが必要になり、また「自分で考え、自分で行動する」から「自ら健康で安全な生活をつくり出す」ことが可能になると考えられます。

（3）領域「環境」と関係する「内容」

　領域「環境」との関係は、1歳以上3歳未満児の「⑤保育所の生活の仕方に慣れ、きまりがあることや、その大切さに気付く」から読み取れます。集団生活が営まれる保育環境で、子どもが身の回りを探索したり、自分のものと他者のものとを区別したりする際には、安定した人間関係が必要です。その環境における集団生活のルールに慣れ、それを子ども同士が大切にし合う

*2 保育所保育指針には、「保育における養護とは、子どもの生命の保持及び情緒の安定を図るために保育士等が行う援助や関わりであり、保育所における保育は、養護及び教育を一体的に行うことをその特性とするものである」（第1章総則　2養護に関する基本的事項（1）養護の理念）と述べられている。

表2-2
領域「人間関係」における「内容」と他領域との関係（1歳以上3歳未満児）

内容	他領域との関係（例）
①保育士等や周囲の子ども等との安定した関係の中で、共に過ごす心地よさを感じる。 ②保育士等の受容的・応答的な関わりの中で、欲求を適切に満たし、安定感をもって過ごす。	「健康」な心と体を育むことが不可欠。 「言葉」等のコミュニケーションを受け止めてくれる他者の存在。
③身の回りに様々な人がいることに気付き、徐々に他の子どもと関わりをもって遊ぶ。 ④保育士等の仲立ちにより、他の子どもとの関わり方を少しずつ身につける。	
⑤保育所の生活の仕方に慣れ、きまりがあることや、その大切さに気付く。 ⑥生活や遊びの中で、年長児や保育士等の真似をしたり、ごっこ遊びを楽しんだりする。	集団生活のルールに慣れ、「環境」と主体的に関わる。 人間関係の中で受けた刺激や影響から生じた「表現」。

表2-3 領域「人間関係」における「内容」と他領域との関係（3歳以上児）

内容	他領域との関係（例）
①保育士等や友達と共に過ごすことの喜びを味わう。	
②自分で考え、自分で行動する。	自ら「健康」で安全な生活をつくり出す。
③自分でできることは自分でする。 ④いろいろな遊びを楽しみながら物事をやり遂げようとする気持ちをもつ。 ⑤友達と積極的に関わりながら喜びや悲しみを共感し合う。	
⑥自分の思ったことを相手に伝え、相手の思っていることに気付く。	「言葉」や様々な「表現」方法で思いを伝え合う。
⑦友達のよさに気付き、一緒に活動する楽しさを味わう。 ⑧友達と楽しく活動する中で、共通の目的を見いだし、工夫したり、協力したりなどする。 ⑨よいことや悪いことがあることに気付き、考えながら行動する。 ⑩友達との関わりを深め、思いやりをもつ。 ⑪友達と楽しく生活する中できまりの大切さに気付き、守ろうとする。	
⑫共同の遊具や用具を大切にし、皆で使う。	ものや「環境」を仲立ちとした人間関係が大切。
⑬高齢者をはじめ地域の人々などの自分の生活に関係の深いいろいろな人に親しみをもつ。	自分とつながる「環境」と人間関係を広げていく。

ことで、子どもは環境と主体的に関わることができるでしょう。

3歳以上児の「⑫共同の遊具や用具を大切にし、皆で使う」からは、ものや環境を仲立ちとした人間関係が大切になることがうかがえます。私たちは様々なものや環境を共用しながら生活していますが、それは私たちが社会的な存在として生きていくために必要な力であり、その力が養われるよう留意することが重要になります。また、同じく3歳以上児の「⑬高齢者をはじめ地域の人々などの自分の生活に関係の深いいろいろな人に親しみをもつ」からは、自分の生活にとって地域の人々との人間関係が大切であり、自分とつながる環境と人間関係を広げていくことの大切さがうかがえます。

（4）領域「言葉」と関係する「内容」

領域「言葉」との関係は、1歳以上3歳未満児の「②保育士等の受容的・応答的な関わりの中で、欲求を適切に満たし、安定感をもって過ごす」から読み取れます。そこには必ずしも言葉での関わりが明記されているわけではありませんが、言葉以前の（そして後の言葉につながる）コミュニケーションの手段でも言葉でも、私たちはそれを受け止めてくれる他者や反応を返し

てくれる他者の存在を想定しているはずです。つまり、私たちの言葉や言葉以前のコミュニケーションの手段は、常に人間関係を前提として発せられていると言えるでしょう。

このことは、3歳以上児の「⑥自分の思ったことを相手に伝え、相手の思っていることに気付く」において、より顕著になります。思いを伝え合うことが可能になるためには、双方の人間関係の成立が不可欠です。ただし、その方法は言葉に限定されておらず、他の様々な表現方法も考えられます。

（5）領域「表現」と関係する「内容」

領域「表現」との関係は、1歳以上3歳未満児の「⑥生活や遊びの中で、年長児や保育士等の真似をしたり、ごっこ遊びを楽しんだりする」から読み取れます。誰かの真似をすることや、誰かになりきってごっこ遊びをすることは、様々な人間関係の中で受けた刺激や影響から生じていると考えられます。そして、真似やごっこ遊びは、それを見てくれる他者や受け止めてくれる他者との関係の中で展開される表現活動です。

このことは、3歳以上児の「⑥自分の思ったことを相手に伝え、相手の思っていることに気付く」からも読み取れます。先に述べたように、思いを伝え合うには様々な表現方法が考えられます。ある表現方法を選ぶ際、子どもなりに「あの人へ伝えるために、こんな表現方法にしたい」等々を思い、その方法を考える経験ができるよう、保育活動で留意するとよいでしょう。

2.3 各領域の「内容の取扱い」と領域「人間関係」

（1）常に人間関係を意識する3歳以上児の保育

前節で挙げた領域「人間関係」の「3歳以上児の保育に関するねらい及び内容」の「内容」を読むと、「子どもの人間関係を育むためにこんな活動をしましょう」という具体的な説明には感じられないと思います。むしろ、あらゆる保育活動に関わる内容であり、保育の場では常に人間関係を意識することが大切になると言えます。つまり、領域「人間関係」は常に他のあらゆる領域との関係があるとも言えます。ただ、本章は領域「人間関係」と他の領域との関係について理解を深めることを目的としているので、ここでは領域「人間関係」以外の各領域の「3歳以上児の保育に関するねらい及び内容」の「内容の取扱い」の最初の項目（＝①）に着目し、それが領域「人間関係」とどのような関係になっているのかを考えます。

（2）領域「健康」の「内容の取扱い」との関係

ア　健康　（ウ）内容の取扱い　　　　　　　　　　　　　（下線は引用者）
①心と体の健康は、相互に密接な関連があるものであることを踏まえ、子どもが<u>保育士等や他の子どもとの温かい触れ合いの中で自己の存在感や充実感を味わうこと</u>などを基盤として、しなやかな心と体の発達を促すこと。特に、十分に体を動かす気持ちよさを体験し、自ら体を動かそうとする意欲が育つようにすること。

　領域「健康」で最初に挙げられている「内容の取扱い」には、領域「人間関係」との関係が明確に表れていると言えるでしょう。集団保育で子どもの心と体の発達を促すにあたり、「保育士等や他の子どもとの温かい触れ合いの中で自己の存在感や充実感を味わうこと」を基盤にするよう求められています。人間にとって自己の存在感や充実感とは、他者との人間関係の中で感じられるものであるという捉え方が、ここに示されていると言えるでしょう。

　また、「教育」だけでなく「養護」の面も示されているように読めます。鯨岡峻は、「保育者の子どもへの関わりとして人間関係を考えれば、保育内容のすべてが人間関係だともいえる」[1]という理解から、保育における「養護」は3歳未満の子どもへの対応のことを指しているのではない[2]ことと、「健康」や「人間関係」は「養護」とは切り離せない[3]ことを主張しています。温かい人間関係の中で子どもが健康に生活し、心と体が発達することは、集団保育だからこそのよさだと言えます。

（3）領域「環境」の「内容の取扱い」との関係

ウ　環境　（ウ）内容の取扱い　　　　　　　　　　　　　（下線は引用者）
①子どもが、遊びの中で周囲の環境と関わり、次第に周囲の世界に好奇心を抱き、その意味や操作の仕方に関心をもち、物事の法則性に気付き、自分なりに考えることができるようになる過程を大切にすること。また、<u>他の子どもの考えなどに触れて新しい考えを生み出す喜びや楽しさを味わい、</u>自分の考えをよりよいものにしようとする気持ちが育つようにすること。

　領域「環境」では、周囲の環境について自分なりに考えることができるようになる過程で、「他の子どもの考えなどに触れて新しい考えを生み出す喜びや楽しさを味わ」えるよう留意することが求められていますが、ここに領域「人間関係」との関係が示されていることに注目できます。領域「人間関係」の「内容」では「自分で考え、自分で行動する」ことや「友達のよさに

気付き、一緒に活動する楽しさを味わう」ことが挙げられていましたが、ここで注目した箇所はこれらを領域「環境」側の視点でまとめたものだと言えるでしょう。私たちが環境の意味などについて自分なりに考えるためには、他者と考え方を刺激し合えるような人間関係が大切であることがわかります。

ギブソン*3は、人間を含むすべての動物にとって環境は様々な特徴を含んでいること、動物は地形の特徴に応じて移動の仕方を変えること、雨風や寒さをしのぐための避難所（家など）を作ること、水や火を利用したりそれに近寄らないようにしたりすることを指摘しています[4]。私たち人間もこのようにして、自分たちにとっての環境の特徴を知り、環境の意味や操作の仕方に関心をもち、自分なりに考えながら、集団生活を送っています。

*3 ジェームズ・ジェローム・ギブソン（James Jerome Gibson）。1904-1979年。アメリカの心理学者。生態心理学の領域を拓いた。

（4）領域「言葉」の「内容の取扱い」との関係

> エ　言葉　（ウ）内容の取扱い　　　　　　　　　　（下線は引用者）
> ①言葉は、<u>身近な人</u>に親しみをもって接し、自分の感情や意志などを<u>伝え</u>、それに相手が<u>応答し</u>、その言葉を聞くことを通して次第に獲得されていくものであることを考慮して、子どもが<u>保育士等や他の子どもと関わる</u>ことにより心を動かされるような体験をし、<u>言葉を交わす喜び</u>を味わえるようにすること。

領域「言葉」では、「身近な人」「伝え」「応答し」「保育士等や他の子どもと関わる」「言葉を交わす喜び」といった他者に関わる語句が頻出することから明らかなように、領域「人間関係」との関係が強く示されています。人間関係の中で言葉をやり取りすることが重要となっており、子どもが自分から言葉で伝え、その言葉に対する相手からの応答を聞く経験が、保育の場で何度も積み重ねられるよう留意することが大切です。

ミード*4は、「人は共同体の言語を自分の言語とし、その言語を手段として人格を手に入れ、他のすべての成員が提供してくれるいろいろな役割を取り入れることを通して共同体成員の態度を獲得するようになる」[5]と述べています。言葉の獲得において人間関係が重要であると同時に、言葉を獲得することで共同体の成員という人間関係が作られることも重要です。

*4 ジョージ・ハーバート・ミード（George Herbert Mead）。1863-1931年。アメリカの社会心理学者、哲学者、思想史家。

（5）領域「表現」の「内容の取扱い」との関係

> オ　表現　（ウ）内容の取扱い　　　　　　　　　　（下線は引用者）
> ①豊かな感性は、身近な環境と十分に関わる中で美しいもの、優れたもの、心を動かす出来事などに出会い、そこから得た<u>感動を他の子どもや保育士等と共有し、様々に表現する</u>ことなどを通して養われるようにすること。その際、風の音や雨の音、身近にある草や花の形や色など自然の中にある音、形、色などに気付くようにすること。

　領域「表現」では、「感動を他の子どもや保育士等と共有し、様々に表現する」よう求められていることに、領域「人間関係」との関係が示されています。感動を自分の心の中や胸の奥にしまっておくのではなく、他者と感動を共有し、それを表現することで、豊かな感性が養われるよう留意する必要があります。ただ、そのためには、感動を共有できる人間関係や人それぞれの自由な表現を尊重して楽しめる人間関係も必要だと言えるでしょう。

　リード[*5]は、子どもの表現の目的について、なぜ子どもは知覚や感情を外在化したいと望むのか、なぜ見た対象や経験した感情をただ内面や想像の中に再現するだけでは満足しないのかという問いに、表現はコミュニケーションでもあると論じています。そして、コミュニケーションは他の人々に影響を与えたいという意図を含む社会的な活動であると述べています[6]。子どもの表現したい・伝えたいという思いを様々な人間関係の中で大切にし合う集団保育にしたいですね。

2.4　領域「人間関係」の理解を深める

（1）保育における人間関係の重要性と今後の課題

　このように『保育所保育指針』等を読み込むと、領域「人間関係」は他の4領域と密接に関係することがわかり、保育におけるあらゆるもの・ことを人間関係とのつながりで捉えることができるでしょう。

　かつて倉橋惣三[*6]は『幼稚園雑草』[*7]において、幼児教育の特色の一つとして、幼児の「相互的生活」[7]を挙げています。当時は現在の5領域はありませんが、子ども同士の生活の重要性を説いていた倉橋には、保育における子どもの人間関係の重要性を意識していた先見性がうかがえます。

　近年、一部地域で少子化や過疎化が顕著になり、他方で遠隔地とのコミュニケーションがICT[*8]の発展で容易になるなど、人間関係のあり方をめぐり社会に変化が見られ、それに関連する新たな課題も生じています。子ども

[*5] サー・ハーバート・エドワード・リード（Sir Herbert Edward Read）。1893-1968年。イギリスの詩人、文芸批評家、美術評論家。

[*6] 倉橋惣三（1882-1955年）は、主に大正時代から昭和20年代にかけて活躍した幼児教育学者。東京女子高等師範学校（現在のお茶の水女子大学）教授の傍ら、長く附属幼稚園主事（園長）を務めた。形式化したフレーベル主義を批判して児童中心の保育の重要性を主張し、その後の幼児教育・保育界に大きな影響を与えた。彼の保育論は、今日の幼稚園教育要領等にも生かされている。

[*7] 『幼稚園雑草』が最初に出版されたのは1926年である。

[*8] ICTはInformation and Communication Technologyの略。インターネットを活用した情報共有を実現する技術の総称。

が人と関わる力を養うことは、ますます重要になりそうです。

（2）絵本などの児童文化財も参考にしてみよう

　最後に、領域「人間関係」と他の4領域との関係について理解を深める際の参考になる絵本を紹介します。『うさこちゃんの　おじいちゃんへの　おくりもの』[8]という絵本です[*9]。この絵本のお話は、主人公の「うさこちゃん」が、祖父の「ふわじいちゃん」に誕生日の贈り物を作ってあげようと思い、自作の編み物（マフラー）をプレゼントするというものです。

　このお話は、保育所や幼稚園を舞台にしたものではなく、登場キャラクターに保育者がいるわけでもないのですが、以下の描写に注目すると、この絵本には領域「人間関係」で大切な意識や行動が描かれており、それに関係する他の4領域で大切な意識や行動も描かれていると言えるでしょう。

・大切な人を思い、自ら考え、自ら行動する。（人間関係）
・製作し、包装する。（表現）
・お祝いの言葉を考え、伝える。（言葉）
・毛糸の数量に気づく。（環境）
・季節による生活の変化を考慮したものを作る。（環境、表現）
・快適で健康な生活を考えた贈り物をする。（健康、人間関係）

　子どもにとっての人間関係と、その中での思いや行動が描写された絵本は、保育者を目指す皆さんが領域「人間関係」の理解を深めることに役立つだけではありません。このような絵本に子どもたちが触れることで、他者との人間関係がより素敵なものと感じられるようになったり、自分もこんなことをやってみようと考えたりするかもしれません。日々の保育活動や様々な児童文化財を通じて、豊かな人間関係を体験していきたいですね。

*9 「うさこちゃん」は、日本では「ミッフィー」の名前でも知られている。元々はオランダで生まれた「ナインチェ」という名前のキャラクターで、それを日本語訳した名前が「うさこちゃん」である。「ミッフィー」は、英語で翻訳された際に付けられた名前である。（参考：福音館書店「うさこちゃん」https://www.fukuinkan.co.jp/ninkimono/detail.php?id=5　2024年7月最終閲覧）

▲『うさこちゃんの　おじいちゃんへの　おくりもの』[8]

引用・参考文献

1) 鯨岡峻『保育・主体として育てる営み』ミネルヴァ書房、2010年、p.31
2) 同上、pp.65-66
3) 同上、p.71
4) J.J.ギブソン著、古崎敬・古崎愛子・辻敬一郎・村瀬旻訳『生態学的視覚論―ヒトの知覚世界を探る―』サイエンス社、1985年、pp.38-41
5) G.H.ミード著、山本雄二訳『精神・自我・社会』みすず書房、2021年、p.173
6) H.リード著、宮脇理・岩崎清・直江俊雄訳『芸術による教育』フィルムアート社、2001年、pp.191-192
7) 倉橋惣三『幼稚園雑草（下）』フレーベル館、2008年、p.116
8) ディック・ブルーナ文・絵、まつおかきょうこ訳『うさこちゃんの　おじいちゃんへの　おくりもの』福音館書店、2009年
・厚生労働省『保育所保育指針〈平成29年告示〉』フレーベル館、2017年

第3章 0歳から3歳までの発達と人間関係

保育所保育指針[1]の「幼児期の終わりまでに育ってほしい姿」には、自立心や協同性、道徳性・規範意識の芽生えなど、領域「人間関係」に関わるものも多く含まれています。これらの姿は、幼児期の終わりに突然現れるわけではありません。近年の研究では、それらの発達は乳児期からすでに始まっていることがわかってきています。本章では、その発達の道筋をたどりながら、必要な援助について考えていきましょう。

3.1 諸感覚と運動の発達と人間関係

(1) 諸感覚の発達と人間関係

生まれてから3歳になるまでの間に、体重は3000gから14kgほどに、身長は50cmから94cmほどにまで成長します。では、この間に人間関係はどのように変化していくのでしょう。生まれたばかりの乳児は、けっしてタブラ・ラサ（白紙）ではありません。まずは感覚面から見ていきましょう。

聴覚は発達が早く、新生児が母親の声[2]や対乳児発話[3]*1に選好を示すことがわかっています。つまり、聴覚は、乳児が信頼する相手に一早く気づく上で重要な役割を果たしているのです。

触覚も同様に胎児期から発達している感覚です。乳児にとって、口唇部や舌、手のひらは哺乳や探索行動に欠かせません。また、親子のスキンシップは触覚そのものです。したがって、触覚は乳児が生命を維持するという意味でも、信頼できる人と関係を築くという意味でも重要な感覚なのです。

視覚は、諸感覚の中でも比較的発達が遅く、新生児の視力は0.02程度と言われています。視力が大人と同じ1.0になるのは5歳頃と言われていますが、視力が弱い乳児にもいろいろなものが見えています。例えば新生児は、顔のような絵を、福笑いのように目鼻口の配置が乱れた絵よりも長く見ます[4]（図3-1）。また、新生児は、自分の方を見ている顔を、目を逸らしている顔

*1 対乳児発話は大人が乳児に話しかけるとき特有の話し方で、高いピッチや大きな抑揚等を特徴とする。

図3-1（左図）[4]
新生児は顔の絵（A）を目鼻口の配置が乱れた絵（B、C）よりも長く見る。

図3-2（右写真）[5]
新生児は正視の顔（A）を逸視の顔（B）よりも長く見る。

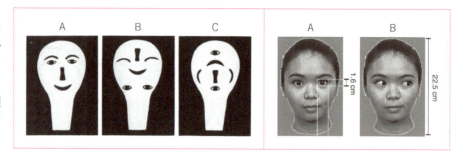

よりも長く見つめます[5]（図3-2）。これらの傾向によって、乳児は生後間もなくからアイコンタクト等の社会的相互作用が可能になるのでしょう。

（2）運動の発達と人間関係

　胎内とは大きく環境が異なる外界に適応するために備わっている性質の一つに、原始反射があります。例えば、何かが頬や口角に触れるとそちらに頭を動かします（探索反射）。口に何かを含ませると吸いつきます（吸啜反射）。これらの原始反射は、新生児が生後すぐに母乳を飲むのに役立ちます。また、新生児の手のひらに大人の指を押し当てるとその指をぎゅっと握り返します（把握反射）。これは、サルのように、ヒトの新生児もかつて親に自力でしがみついていたときの名残であると考えられています。その他にも様々な原始反射が発見されています。

　粗大運動（身体全体を使った運動）の発達を見ていきましょう。生後3〜4ヵ月頃に首がすわり、7〜8ヵ月頃にずり這いやお座りができるようになります。10〜12ヵ月頃、つたい歩きをするようになり、12〜14ヵ月頃には一人で歩けるようになります。18ヵ月以降になると、手すりにつかまって階段を上り下りしたり、床や地面を走ったりすることができるようになります。

　こうした運動発達によって、周りの人との関わり方も変わります。首のすわりやお座りによって安定して周りの人に目を向けることができますし、両腕を伸ばして抱っこを求めることもできるようになります。ずり這いや一人歩きで移動できるようになれば、後追いもできるようになります。

　微細運動（指先を使った運動）についてはどうでしょうか。4ヵ月頃、物を握って持つようになり、7〜8ヵ月頃に親指とそれ以外の指を離して物をつかめるようになります。12ヵ月頃には、親指と人さし指で物をつかめるようになります。微細運動の発達もまた、人につかまったり、指さしをしたり、人間関係に変化をもたらすでしょう。

3.2 アタッチメント（愛着）

(1) アタッチメントの意味

　様々な能力を持っているとはいえ、乳児は一人で生きていくことはできません。継続的にケアしてくれる他者が必要です。ボウルビィ[*2]は、乳児と身近な他者との間に生じる情緒的絆をアタッチメント（愛着）[*3]と呼びました。

　アタッチメントの性質が最もよくわかるのは、養育者等との分離場面です。一人取り残されるという危険な状況は乳児を不安にさせ、泣きや後追いといったアタッチメント行動を取らせます。それに対して、養育者等は乳児に接近、抱っこしたりします。このように、乳児は分離時にアタッチメント行動を取ることで養育者等を動かし、安心かつ安全な状況に戻ろうとするのです。アタッチメント（attachment）という語は、本来「付着」などを意味します。乳児は、まさに「くっつく」ことで安心安全を保つことができるのです。

　アタッチメントには、もう一つ重要な機能があります。それは、「離れる」ことです。「くっつく」のに「離れる」？　一見矛盾しているように思えますが、アタッチメント対象と安定した信頼関係を作ることができると、乳児はその対象を「心の安全基地」として、自分の興味にもとづいて積極的に外界を探索することができるのです。乳児がいろいろな物ごとを探索したり、挑戦したりして多くのことを学んでいくためにも、特定の他者と安定したアタッチメント関係を構築することが重要なのです。

(2) アタッチメント関係とその個人差

　安定したアタッチメント関係のためには、養育者等の「受容的・応答的な関わり」[*4]が必要です。乳児の声や表情、視線等のちょっとした動きから感情や要求を敏感に読み取り、共感的に応答することが、乳児との安定したアタッチメント関係を作ることにつながります。

　アタッチメント関係についてもう少し具体的に見ていきましょう。当然ですが、親にも子にも個性があります。となると、親子関係にも個人差が生じるのが自然です。エインスワース[*5]が考案したストレンジ・シチュエーション法（SSP）[*6]によって、その個人差が実証されました。12〜18ヵ月児と養育者に見知らぬ部屋に来てもらい、分離場面と再会場面における子どもの反応を分析した結果、「回避型」、「安定型」、「アンビヴァレント型」の3つのタイプに分類できることがわかり、後に、この3タイプいずれにも分類

*2 ジョン・ボウルビィ（John Bowlby）。1907-1990年。イギリスの児童精神科医、精神分析家。

*3 アタッチメントについてより詳しく学びたい人には、遠藤（2021）をお薦めしたい。

*4 保育所保育指針「乳児保育に関わるねらい及び内容」における社会的発達に関する視点「身近な人と気持ちが通じ合う」に「受容的・応答的な関わりの下で、何かを伝えようとする意欲や身近な大人との信頼関係を育て、人と関わる力の基盤を培う」とあるが、これはまさに安定したアタッチメント関係そのものである。

*5 メアリー・D・エインスワース（Mary Dinsmore Salter Ainsworth）。1913-1999年。アメリカの発達心理学者。ストレンジ・シチュエーション法（SSP）を用いた実験的研究により、その後のアタッチメント研究に大きな影響を与えた。

*6 乳幼児のアタッチメントの個人差を測定する方法。本文で紹介した通り、子どもを養育者から短時間離した際の抵抗や混乱の様子と再会場面の行動を観察し、いくつかのアタッチメントタイプに分類する。

できない反応として「無秩序・無方向型」が加えられました（表3-1）。

　これらの個人差は、日々の養育者との相互作用によって生じると考えられています。エインスワースは、SSPに参加した親子の日常生活の行動を観察する中で、安定型の子どもの養育者が回避型やアンビヴァレント型の子どもの養育者に比べて子どもの行動に敏感で応答的であることを見出しました。また、無秩序・無方向型の子どもは、虐待・不適切な養育を受けているリスクがあることも報告されています。安定したアタッチメント関係を作るためには、やはり受容的・応答的な関わりが必要なのです。

表3-1
ストレンジ・シチュエーション法（SSP）によるアタッチメント・タイプの分類

回避型	分離時にそれほど混乱しないが、再会時によそよそしい態度を示し、養育者に積極的に接触しようとしない。
安定型	分離時に泣くが、再会時に抱っこされるとすぐに落ち着きを取り戻し、また周囲に関心を向け探索行動を開始する。
アンビヴァレント型	分離時に泣き再会時に身体接触を求めるが、怒ったような態度を示しつつも養育者にしがみつき離れようとしない。
無秩序・無方向型	顔を背けながら養育者に近づいたり、しがみついたかと思えば床に倒れこむ等、近づきたいのか離れたいのか判別しづらい。分離時に抗議しつつも笑顔を示すこともある。

*7　ここではわかりやすさを優先して他者への信頼と自己への信頼と表現したが、アタッチメント理論では、主観的確信という言葉が使われている。他者についての主観的確信とは、例えば母親は自分の要求に応じてくれるという期待であり、自己についての主観的確信とは、自分は愛され守ってもらえる価値ある存在であるという感覚である。こうした期待や感覚が確実なものになっていくことで、子どもは養育者等が近くにいなくても安心して生活することができるようになる。つまり、内的作業モデルが確立することで、アタッチメント関係は物理的近接から表象的近接へと移行していくのである。

*8　アタッチメントの安定性のスコアを算出し、その量的な違いで個人差を明らかにする方法。ストレンジ・シチュエーション法と異なり、実験室ではなく、日常場面で養育者と子どもの行動を観察する。

（3）内的作業モデル

　親子間で形成されたアタッチメント関係は、子どもの生涯にわたり重要な役割を果たすと言います。アタッチメント理論を提唱したボウルビィは、特定の他者との相互作用によって乳児の中に「人間関係のひな型」が作られるという仮説を立て、「内的作業モデル」と名づけました。ボウルビィによれば、内的作業モデルは、他者への信頼と自己への信頼*7を基盤に形成されます。養育者等、身近な他者との相互作用によって内的作業モデルが形成されると、その他の他者との相互作用にも、そのモデルを使うようになると言います。

　内的作業モデル仮説を裏づける研究も蓄積されてきています。例えば、1歳頃に安定型であった子どもは5歳時点で友だちと良好な関係を築いていること、他の子どもとの関わりにおいて緊張しづらいことも報告されています。また、アタッチメントQソート法*8という親子の日常場面を観察する方法を用いて15、24ヵ月時点でのアタッチメントの安定性と6歳以降の実行機能（自己抑制や切り替え等、子どもの自立に関わる力）との関連を調べた研究では、アタッチメントの安定性と実行機能の高さの関連が示されました[7]。これらの知見からも、発達早期のアタッチメントの安定性がその後の人間関係の様々な側面の発達の基盤になっていると言えるでしょう。

（4）母親以外のアタッチメント対象

　アタッチメントに関する研究では、母親を対象としたものが圧倒的に多いのが現状です。しかし、当然のことながら子どもに関わる大人は母親以外にもたくさんいます。父親や祖父母、保育者だってそうです。父親や祖父母とのアタッチメントに関する研究は母親に比べ少ないですが、子育て支援を考える上で重要です。保育者と子どものアタッチメントについては、その安定性に個人差があることや、1～3歳のときの保育者とのアタッチメントの安定性が4歳時点での友だち関係の良好さ（向社会的行動や集団遊びの多さ、攻撃性の低さ）と関連があることが報告されています。

（5）ほどよい子育て・保育

　安定したアタッチメント関係には、子どもの欲求に敏感に応じる受容的・応答的な関わりが必要であることを述べました。ただし、それは子どもの欲求を先読みしてお節介を焼くことではありません。子どもにとって大人が心の支えになることを「情緒的利用可能性」と呼びます。子どもが自らシグナルを発信したときには敏感に応答し、そうでないときにはあえて干渉しないことも大切であり、そうすることで、子どもは主体的に活動する中でピンチのときには養育者や保育者を頼ることを覚えます。完璧すぎない適度な子育て・保育が安定したアタッチメント関係においても重要なのです。

3.3　対人相互作用の発達

（1）新生児期の共鳴動作

　ここからは、対人相互作用に焦点を当て、その発達を見ていきましょう。新生児は、大人が話していると、それに同期させるように手足を動かすことが知られています[8]。これを共鳴動作と呼びます。また、大人の口や舌の動きを新生児が模倣することも報告されています（新生児模倣）[*9,9]。

*9 ただし、新生児模倣という現象は再現されにくいという批判もある。最近のまとめとして、森口[10]が参考になる。

（2）乳児期前半の二項的相互作用：第一次間主観性

　新生児期における共鳴動作は、意図的というよりは、どこか反射的な行動のように感じられる反応でした。ところが、生後2～3ヵ月にかけて、対人相互作用は大きく変化します。新生児期には、睡眠中等の生理的微笑（新生児微笑、図3-3左）が見られますが、それは他者に向けられた表情ではあり

ません。3ヵ月頃になると、大人のあやしかけに対して、その大人の目を見て微笑むようになります（社会的微笑、図3-3右）。乳児と大人の相互作用は、アイコンタクトや表情、声、身体の動きが連動したものになります。

あやしかけと言っても、それは一方的なものではいけません。乳児の行動に随伴的に応答することが重要です[11]。トレヴァーセン[*10]は、乳児期前半に見られるアイコンタクトや表情を伴う相互的な関係を「第一次間主観性」と呼びました[12]。こうした乳児と大人の二項的相互作用によって情動を共有する経験は、前述した安定したアタッチメント関係の構築の認知的な基盤にもなっていると考えられます。

*10 コルウィン・トレヴァーセン（Colwyn Trevarthen）。1931-2024年。イギリスの児童心理学者。乳幼児の対人理解や文化理解などの研究で知られる。

図3-3
0歳児の微笑
左：生後8日目、授乳中に寝てしまった新生児が見せた微笑。
右：生後3ヵ月頃、母親にあやされているときに見せた微笑。アイコンタクトや笑い声、身体の動きも伴っていた。

（3）乳児期後半の三項関係の理解：共同注意

生後9ヵ月頃になると、乳児期の相互作用はさらなる変化を遂げます。それまでの「自分−物」や前述の「自分−他者」という二項関係から「自分−物−他者」という三項関係への変化です。具体的には、他者の視線を追ってその先の対象に目を向けたり（視線追従）、自分が持っている物を他者に見せたり（提示）、指さしを用いて他者の注意を操作するようになります（図3-4）。これらの行動は総称して「共同注意」と呼ばれ、三項関係の理解（図3-5）の表れと考えられています。また、1歳頃になると、新奇な物に対して養育者が笑顔を向けていれば乳児も安心してそれで遊びますが、養育者が怖がる表情を見せると乳児はそれを避けます（社会的参照）。他者の情動が物に向けられていることを理解していることから、社会的参照も共同注意の一つとされます。

模倣も精緻化され、行為者の意図に敏感な複雑な模倣へと変わっていきます。例えば、14ヵ月児は、大人が笑顔とアイコンタクトを伴って行う動きを模倣します[13]。これは、行為者の「何かを伝えたい」というコミュニカティヴな意図を乳児が認識したためであると考えられます。さらに、18ヵ月児には、行為者の意図を汲み取る力もあります。例えば、ダンベルの形をしたおもちゃの重り部分を、大人が引っ張って外そうとしても滑って失敗してしまう様子を子どもに見せます。すると、子どもは、実際には見ていない重り部分を取り外すという行為をやり遂げてしまうのです[14]。同じような

動きを機械が行う様子を見せた場合はそうした反応は見られないことから、18ヵ月児は"心"を持った人間の意図を汲み取っているのだと解釈されます。

　三項関係の理解は、上述した模倣による学習だけでなく、言葉の学習にも重要な役割を果たします。例えば、18ヵ月児の指さしを含む指示的ジェスチャーが3.5歳時点の言語発達を予測するという報告があります[15]。

図3-4（左写真）
1歳児の指さし
母親に抱かれながら、壁に掛かっている時計を指さす。
図3-5（右図）
三項関係の理解の模式図
黒矢印は実際の注視行動、赤矢印は他者の注意対象の理解を意味する。

（4）自己と他者の理解

　自己と他者の理解に変化が訪れるのは、18ヵ月頃です。子どもの鼻か額に気づかれないようにシール等の目印をつけた後、目の前に鏡を置きます。すると、18ヵ月児は鏡に映った自分ではなく、自分自身の顔の目印を触ります（自己鏡映像認知）。この時期以降、自分の名前や所有物、居場所等を言えるようになっていきます。つまり、社会の中に自己を位置づけられるようになっていくのです。自他の好みの違いにも気づき始めます。例えば、14ヵ月児は他者の好き嫌いは自分と同じであると認識する傾向があるのに対し、18ヵ月児は、自分が嫌いな物を他者が好む場合があることを理解します[16]。

　自他の違いの理解は、他者と経験を共有することとも関連しています。13〜23ヵ月児を対象とした研究で、自他の視点の違いを理解した指さしの使い方をした子どもが、他者と共有した経験について理解することが示されています[17]。他の研究でも、24ヵ月までには「自分には見えているが他者には見えていない物」を認識することが示されています[*11][18]。

　自他の違いの理解は感情発達にも影響を与えます。18ヵ月頃になると照れや羨望、共感といった感情が芽生え、2歳半頃には誇りや罪悪感等も見られるようになります[19]。これらは社会的感情とも呼ばれ、いずれも他者を意識した、あるいは他者から見た自分を意識した感情です。自他の理解は表裏一体であり、他者を理解することで自己の理解や自他の関係性の理解も深まるのです。

*11 他者の視点取得の発達については、ピアジェの三つ山課題やフラヴェルの視点取得課題等によって調べられてきたが、いずれも言語教示の複雑さが指摘されており、言語負荷を小さくする工夫が模索されていた。

（5）自我の芽生えと自律性・道徳性の発達

　２歳前後は自我の芽生えの時期と言われます。自分のイメージや意図が明確になり、自己主張が増えてくる、いわゆる「イヤイヤ期」でもあります（図3-6）。大人にとっては厄介な時期でもあるのですが、自己主張できるということは子どもが主体的に生活できている証拠であり、保育者としては誇るべきことです。保育者はその主体性を尊重しつつ、子どもが思い通りにいかず怒っているような場合はそうしたネガティヴな感情にも共感的に関わることが重要です。そうした関わりによって、子どもは自分の気持ちや現実に向き合い、感情をコントロールする方法を学んでいきます。

　子どもの意図を汲み取ろうとする大人と違い、子ども同士では自己主張がぶつかります。一方、共感や罪悪感等の社会的感情も芽生える時期です。保育者はまず双方の気持ちを共感的に受け止めることで子どもが自分自身と向き合えるようにしつつ、言葉で確認することで互いに伝え合う援助をすることが重要です。この時期の子どもは、困っている人を助けたり、なぐさめたりといった向社会的行動も見せます[20)21)]。子ども同士がぶつかり合ったときの悔しさや罪悪感、そして人に親切にしたときの心地よさや誇らしさにも大人が共感的に関わることで、子どもの中で道徳的な心が育っていきます。

図3-6
もっと遊びたい！
左：ガチャガチャがしたくて、床に寝そべり抗議する２歳４ヵ月児。
右：親が片づける傍ら、まだ遊びたくて積み木を抱きしめる２歳11ヵ月児。

　人間関係の観点から０～３歳の発達について述べてきました。発達早期の人間関係の重要性がおわかりいただけたら嬉しく思います。心身ともに大きく変化する３年間ですが、受容的・応答的・共感的に関わることの重要性は変わりません。最後に１つ気をつけてほしいことを述べます。本章では、発達時期について月齢や年齢を示しました。しかし、子どもの発達に個人差はつきものです。本章の内容を大まかな発達の流れとして捉えて、実際の子どもたちに関わる際には、目の前の子どもたちをよく見て、じっくりと関わり、子どもが感じている世界を共有してください。

引用・参考文献

1) 厚生労働省『保育所保育指針解説』フレーベル館、2018年
2) DeCasper AJ, William PF. Of human bonding: Newborns prefer their mothers' voices. Science 208(4448): 1174-1176, 1980.
3) Cooper RP, Aslin RN. Preference for infant-directed speech in the first month after birth. Child Development 61(5): 1584-1595, 1990.
4) Goren CC, Sarty M, Wu PYK. Visual following and pattern discrimination of face-like stimuli by newborn infants. Pediatrics 56(4): 544-549, 1975.
5) Farroni T, Csibra G, Simion F, Johnson MH. Eye contact detection in humans from birth. Proceedings of the National Academy of Sciences in USA 99(14): 9602-9605, 2002.
6) 遠藤利彦編『入門アタッチメント理論』日本評論社、2021年
7) Matte-Gagné C, Bernier A, Sirois M-S, Lalonde G, Hertz S. Attachment security and developmental patterns of growth in executive functioning during early elementary school. Child Development 89(3): e167-e182, 2018.
8) Condon WS, Sander LW. Neonate movement is synchronized with adult speech: Interactional participation and language acquisition. Science 183: 99–101, 1974.
9) Meltzoff AN, Moore MK. Imitation of facial and manual gestures by human neonates. Science 198: 75–78, 1977.
10) 森口佑介「発達科学が発達科学であるために：発達研究における再現性と頑健性」心理学評論 59(1): 30-38, 2016年
11) Murray L, Trevarthen C. Emotional regulation of interactions between two-month-olds and their mothers. In Field TM, Fox NA. (Eds.) Social perception in infants (pp.177–197). Ablex Publishing Corporation: 1985.
12) Trevarthen C. Communication and cooperation in early infancy: A description of primary intersubjectivity. In Bullowa M. (Ed.) Before speech: The beginning of human communication (pp.321–347). Cambridge University Press: 1979.（鯨岡峻（編訳）『母と子のあいだ』ミネルヴァ書房、1989年、pp.69-101）
13) Fukuyama H, Myowa-Yamakoshi M. Fourteen-month-old infants copy an action style accompanied by social-emotional cues. Infant Behavior & Development 36(4): 609-617, 2013.
14) Meltzoff AN. Understanding the intentions of others: Re-enactment of intended acts by 18-month-old children. Developmental Psychology 31(5): 838-850, 1995.
15) Rowe ML, Goldin-Meadow S. Early gesture selectively predicts later language learning. Developmental Science 12(1): 182-187, 2009.
16) Repacholi BM, Gopnik A. Early reasoning about desires: evidence from 14-and 18-month-olds. Developmental Psychology 33(1): 12-21, 1997.
17) 福山寛志・明和政子「1歳児における叙述の指さしと他者との共有経験理解との関連」発達心理学研究 22(2): 140-148, 2011年
18) Moll H, Tomasello M. Level 1 perspective-taking at 24 months of age. British Journal of Developmental Psychology 24(3): 603-613, 2006.
19) Lewis, M. The emergence of human emotions. In Barret LF, Lewis M, Haviland-Jones JM. (Eds.) Handbook of emotions (4th edition). Guilford Press: 272-292, 2016
20) Warneken F, Tomasello M. Altruistic helping in human infants and young chimpanzees. Science 311(5765): 1301-1303, 2006.
21) Zahn-Waxler C, Radke-Yarrow M, Wagner E, Chapman M. Development of concern for others. Developmental Psychology 28(1): 126-136, 1992.

コラム1 子どもの本音と育児の裏側

■ **すぐに癇癪を起こす男の子**

　僕は保育園やベビーシッターなどで2000人以上の子どもたちと関わってきましたが、そんな中でも子どもたちから学ぶことは数多くありました。2歳のA助くんと生後8ヵ月の妹B子ちゃんをサポートさせていただいたときのことです。そのママさんは「うちのA助が、思い通りにならないとすぐに癇癪を起こすんです。物を投げたり暴れたりするので本当に困っています」と悩んでいる様子でした。

　実際にご家庭に入り、そのA助くんと関わらせてもらうと、A助くんは人懐っこくて、すぐに仲よくなることができました。車の玩具を僕に見せ、笑顔で「ブーブ！」と教えてくれて、妹のB子ちゃんもお兄ちゃんの真似をしていろいろな玩具を僕に渡してくれました。ところが、しばらくすると、突然A助くんが火がついたように泣き出し、持っていた車の玩具を壁の方に投げました。すると、たまたまそれを見ていたA助くんのママは、「コラッ！　おもちゃ投げないの！」「嫌なことがあるならお口で言いなさい！」と強くA助くんを叱ったのです。A助くんはさらに「ギャー！」と床に寝転がって大声で泣き出しました。ママは、「またか……」というように頭を抱えています。

　僕は、まず寝転がって暴れているA助くんを抱っこし「そっかそっか、嫌だったんだね」と声をかけました。「びっくりしちゃったね」「窓からお外のブーブ見てみる？」と話をして、窓の外を走っている車を見ながら「いろんな車さんいるね」と声をかけました。すると、A助くんは少しずつ落ち着いてきて、外を指さし「あ！　あっちにも赤いブーブいた！」と教えてくれました。僕はそろそろ聞けるタイミングだと思い、涙を拭いたA助くんに「さっきはびっくりしちゃったよね」「何が嫌だったの？」と聞いてみました。すると、A助くんは、下を向いて「……赤ちゃん、ブーブとる」と教えてくれたのです。

　よく話を聞くと、B子ちゃんがA助くんの大切にしていた車の玩具を手に持ったのが嫌だったため、泣き出したということがわかりました。僕はA助くんに「そっかそっか、A助くん、教えてくれてありがとう」「じゃあ次はでんちゃん*がブーブ守っとくね」と声をかけると、安心して遊び、それからその日は一度も癇癪を起こすことはありませんでした。

■ **声にならない言葉**

　A助くんくらいの年齢の子どもは、少しずつ言葉は出てきているものの、まだしっかりと気持ちを言葉で表現することは難しいです。なので、僕たち大人が代わりに気持ちを言葉にしてあげることで、気持ちを落ち着かせたり感情をコントロールしたりすることができるようになります。子どもも、気持ちに共感してから話を聞いてもらいたいのです。子どもと関わる上

* 筆者は、子どもたちから「でんちゃん」と呼ばれている。

で、何かを伝えたいときに、第一声なんと声をかけるかはとても重要なのです。

　例えば、Ａ助くんのように子どもが玩具を投げたときに「注意しなければ」と、「やめなさい！」「謝りなさい！」と怒って言うことを聞かせようとしたとしても、その言葉は伝わらないと思います。Ａ助くんは、数ヵ月前、突然お兄ちゃんになり「お兄ちゃんなんだから」というレッテルを貼られました。でも、Ａ助くんは望んでお兄ちゃんになったわけではありません。突然赤ちゃんがやってきて、大好きなママを取られ、悲しかったのかもしれない。今まで壊されなかったはずの玩具を壊され、辛かったのかもしれない。このように「Ａ助くんがおもちゃを投げた」という裏側には、数えきれないほどの背景があるのです。本当は声が枯れるくらいの、声にならない言葉があるのです。しかし、目に見える数秒の出来事のみを鵜呑みにしてジャッジしてしまうと、それに気づけないことがあります。

　もちろん、注意をしたり叱ったりしなければならない場面もあると思います。そんなときは、「〇〇が嫌だったんだよね」（共感）、「でも、投げたら、大事なおもちゃが壊れちゃうかもしれないよ」（伝えたいこと）、「だけど、それくらい悲しかったんだよね」（共感）のように、「共感」「伝えたいこと」「共感」で伝えると、子どもには伝わりやすいです。子どもが困った行動をしたときや「注意をしなければ」と思うときこそ、子どものことをよく観察しなければなりません。なぜならば、子どもと関わる上で、本当に大切なものは目に見えないのだから。

■子どもたちからしか学べないこと

　基本的に人間関係というものは、子どもであっても大人であっても、大切なことの土台は変わりません。一人の人間として尊重し、接することがとても重要です。例えば、今回の２歳のＡ助くんは、日頃から注意されることが多く、癇癪の原因となっていましたが、実は褒めたり認めたりできる部分もとても多くありました。見ず知らずの僕を受け入れてくれたこと、僕に車の玩具を見せてくれたこと、玩具を妹にぶつけなかったこと……。妹のＢ子ちゃんがお兄ちゃんの真似をして遊んでいる場面からも、普段からＡ助くんがＢ子ちゃんに優しく接していることがわかります。そういった「できていること」に目を向けて関わることで、子どもとの信頼関係は強くなっていきます。

　学校で学んだ知識や経験をもとに、保護者にアドバイスすることは大切ですが、現場でしか知りえないこと、さらには現場ですら見えない背景というものがあります。そこに目を向けて関わっていくことこそが、子どもに携わっていく人の本当の役割なのかもしれません。

3歳から就学前までの発達と人間関係

> 一般に幼児は3歳ともなると、それまで以上に友だちを求めるようになります。身近な保護者や保育者はもちろん、人との関わりについても世界が広がります。個人差があるのは当然ですが、引き続き子どもの発達の筋道について正しい理解が求められます。そのことによって、様々な個性を持つ子どもとの関わりが豊かになり、子ども同士の関わりをよりよく保障していくことができるのです。

4.1 他児との関わりを通した育ち

（1）大人との関わりから他児との関わりへ

　保育所では「3歳未満児」「3歳以上児」と言われるように、3歳という年齢は一つの節目にあたります。3歳を過ぎると、それまで家庭で過ごしていた子どもの多くが幼稚園や認定こども園に入園し、初めての集団生活を経験することになります。また、保育所で既に集団生活を経験している子どもにとっても、3歳以上児になるとクラスの子どもの人数と保育者の人数の比率や生活環境が大きく変わり、集団の一員として自分のことは自分でするなど自立に向けた生活を送ることがより一層期待されるようになります。

　子どもが保護者と離れて、園の中で心を安定させ、他者と関わりながら様々なことに取り組んでいくためには、保育者との信頼関係を築くことが必要になります。子どもは保育者との関わりの中で、保育者が自分の気持ちを受け止めてくれる存在であることを繰り返し実感し、保育者が見守ってくれているという安心感を持ちながら、様々なことに挑戦できるようになっていきます。

　園では、集団での活動や遊びを通して他児と関わる機会が生まれます。そこでは保育者との関係を基盤としながら、他児との関わりを少しずつ広げていきます。幼児期において自由遊び場面の社会的参加の仕方がどのように変化するかを検討したパーテン[*1]によれば、3歳頃までは「一人遊び」や周囲

---

*1 ミルドレッド・パーテン（Mildred.B.Parten）。1902-1970年。アメリカの心理学者。幼児期の遊び観察研究の先駆者とされる。

の他児と同じようなおもちゃで遊ぶものの各々で遊んでいる「並行（平行）遊び」が多く見られる一方で、3歳を過ぎると子ども同士が関わって一緒に遊ぶ「連合遊び」や「協同遊び」*2 が見られるようになっていきます[1]。

また、保育者が集団場面において子どもの社会性の発達状態を把握するための方法として開発された「社会性発達チェックリスト（改訂版）」には、各年齢の50％の子どもが通過する年齢に項目が配置されていますが、そのうち「他の子とかかわりながらごっこ遊びができる」は3歳、「友だちと相談したり、妥協したりしながら一緒に遊ぶ」は4歳、「自分たちで作ったお話でごっこ遊びをする」は5歳にそれぞれ配置されています[2]。これらの項目からも、子ども同士で遊びのイメージを共有して遊びを展開するようになり、子ども同士で遊びのイメージを伝え合ったり、お互いの同意のもとでイメージを柔軟に修正したりすることが必要になっていくことがうかがえます。

*2 連合遊びとは、複数の子どもが一緒に同じ遊びを行うもの。子ども同士で玩具の貸し借りや会話などの交流はあるが、まだ明確な役割分担はない。これに対して、協同遊びは、子どもたちが共通の目標を持つなどして関わり、役割分担やルールが明確になる。

> **事例 1　明日も一緒に遊ぼうね**
>
> 　4歳児クラスのA子とB美は、最近一緒にいるところをよく見かけます。今朝もA子は、先に登園して遊び始めていたB美の姿を見つけると、すぐに駆け寄り、「まぜて」と言って遊びに加わりました。最近はお店屋さんごっこが二人のお気に入りで、「こうしよう」「あれを使おう」とお互いに意見を出し合いながら、毎日のように空き箱を使って商品を作ったり、チラシを切り貼りしてメニュー表を作ったりしています。また、帰りの集まりのときには「明日も一緒にお店屋さんごっこしようね」と約束をしているようです。

遊びが展開されるようになると、子ども自身も他児と一緒に一つの遊びを楽しむという意識を持ちやすくなります。そして、事例1のように一つの遊びを繰り返し楽しむ中で、「今日はこういうところが楽しかった」と今日の遊びを振り返り、「明日はもっとこういうことをしてみたい」と明日の遊びへの期待感を持つようになります。このように、遊びを通して時間的なつながりを持ちながら、他児との関係が構築されていきます。

（2）他児との関わりを通した育ち

前述のように、幼児期後期頃になると他児と関わって一緒に遊ぶことが増えていくことで、他児との関係が深まっていきます。一方で、一緒に過ごしているからこそ遊びの中でトラブルが生じることもあります。そのため、子

ども同士のトラブルは、物の所有・使用や不快な働きかけ（嫌なことを言われた、たたかれたなど）を原因とするものだけでなく、遊びのイメージの不一致や生活上のルール違反も原因となる[3]など、トラブルの原因も変化していきます。

子どもは他児とのトラブルの経験を通して、自分に気持ちがあるように相手にも気持ちがあることに気づいたり、意見がぶつかったときに相手とどのように折り合いをつけていけばよいかについて学んだりしていきます。このように他児とのトラブルは、自他の心の状態に関する理解や自己制御の発達を促し、社会性を身に付けていくための貴重な経験になっていると言えます。

4.2 心の状態に関する理解の発達

（1）感情の理解

*3 マイケル・ルイス（Michael Lewis）。1877-1956年。アメリカの発達心理学者。乳幼児期の子どもの情緒発達の研究で知られる。

ルイス[*3]によれば、生後6ヵ月頃までに現れる喜び、怒り、悲しみ、驚きなどの感情に加えて、1歳半を過ぎて自己意識が発達することによって照れや共感などが現れ、さらに2歳頃に自己評価（ある基準やルールと照らし合わせて自分の行動を評価すること）が発達することで誇りや恥、罪悪感などが現れます（図4-1）。このように、生物学的な成熟や認知発達、社会化などの影響を受けてそれぞれの感情が徐々に分岐・構成され、3歳頃までに大人が持っているのとほぼ同じ感情のレパートリーが出揃うとされています[4]。

図4-1
生後3年間の感情の発達
（ルイス[4]より作成）

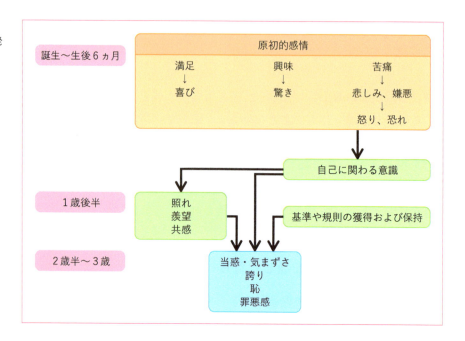

また、3歳頃になると、嬉しい顔や悲しい顔、怒っている顔などがわかるようになり、感情と表情との結びつきを理解できるようになります。そして、遊んでいたおもちゃを友だちに取られたら怒った気持ちになるなど、状況を手がかりにして感情を推測する力を3歳から5歳にかけて発達させていきます[5]。

　様々な感情の中でも、共感や恥、罪悪感などの感情は、道徳的な行動や判断を動機づけるものとして、非常に重要な役割を果たしているとされています。例えば、2、3歳頃に見られるようになる罪悪感は、他児が使っているおもちゃを取ったり、他児をたたいたりするなど、相手に危害を加えてしまったときに謝罪をする上で、とても重要な感情です。大人から罰を受けたり他児から拒否されたりすることを避けるなどの、何か別の目的を達成するための謝罪である道具的謝罪ではなく、誠実な謝罪をするためには、相手に危害を加えたことに対する責任の受容と被害者に対する罪悪感の認識が必要とされており、誠実な謝罪が見られるようになるのは6歳を過ぎてからであることが示されています。また、被害者の感情を推測することが罪悪感の認識を高めることも明らかになっており[6]、他者の感情を理解することは、他者と良好な関係を築いていく上で非常に重要であると考えられます。

（2）心の理論の獲得

　子どもは他者との関わりを通して、他者が自分とは異なる思いや考えを持つことにも気づいていきます。そして、4歳頃になると「～と思っている」「～と考えている」というような他者の心の状態についても理解するようになり、他者の心の状態に基づいて他者の行動を理解することができるようになります。これは心の理論（theory of mind）と呼ばれています。

　それでは、心の理論が獲得されているかどうかはどうすれば確認できるでしょうか。例えば、図4-2のように女の子がおもちゃをカゴに入れて出かけている間に、男の子がやってきておもちゃを別の箱に入れ替えるという設定を調査対象の子どもに話します。その後で、女の子がおもちゃで遊ぼうと思って戻ってきたときに「女の子はどこを探すかな？」と調査対象の子どもに尋ねます。このとき、「子ども自身が知っていること」と「女の子が知って

図4-2
誤信念課題
（林[7]より作成）

いること」を区別することができるかどうかで、答えは変わってきます。「子ども自身が知っていること」に基づいて考えれば、今おもちゃが存在している「箱」と答えるでしょう。一方、「女の子が知っていること」に基づいて考えれば、女の子自身がおもちゃを入れた場所である「カゴ」と答えることになります。このように、おもちゃは実際には箱にあるにもかかわらず、女の子はカゴにあると「誤って思っている」（＝誤信念）ということを理解できるかどうかを調べるため、誤信念課題と呼ばれています。一般に、4～5歳頃に誤信念課題に正答できるようになることで、心の理論が獲得されたと捉えられています。

このように幼児期後期頃になると、子どもは相手の思いや考えなど心の状態について、相手の立場になって考えることができるようになっていきます。

4.3　自己制御の発達

（1）自己主張と自己抑制

日常生活において、私たちは常に自分の思いのままに行動しているわけではありません。自分の思いのままに行動することによって、他者との関係を壊してしまったり、自分の所属する社会や文化の規範から逸脱してしまったりする可能性があるからです。そのため、自分の感情や行動をその場に合わせて調整することが求められます。この自己制御には2つの側面があります。1つは、「自己主張」と言われる、自分の欲求や意志を明確に持ち、これを他者や集団の前で表現し主張することができるという側面です。もう1つは、「自己抑制」と言われる、自分の欲求や行動を抑制・制止しなければならないときにそれを抑制・制止することができるという側面です。

柏木[8]によれば、自己主張は3～4歳頃までに大きな伸びが見られるものの、4歳半を過ぎると上がり下がりを繰り返しながら推移しており、直線的に増加していくわけではありません。一方、自己抑制は3歳から6歳にかけて一貫してなだらかに増加します（図4-3）。このように自己抑制のほうが幼児期後期にかけてなだらかに発達していくことを考えると、自己主張はできるけれども自己抑制はまだ十分にできないという時期があると言えます。この時期には、子ども同士のトラブル場面においても互いの思いがぶつかり合い、なかなか折り合いがつけられないということも多いでしょう。しかしながら、物の取り合い場面において「順番に使う」というような相手の欲求も考慮しながら自己主張もする方略が5歳児において増加する[9]ことからもわかるように、そのような時期を経るからこそ、相手や自分の感情と折り合いをつけることができるようになっていくのです。

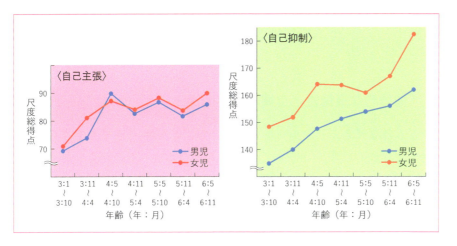

図4-3
自己制御の発達
(柏木[8]より作成)

(2) 表示規則に従った感情表出

　あなたは、人からプレゼントをもらったときに、それが気に入らないものだったらどうしますか。きっと心の中ではがっかりした気持ちになると思いますが、そのがっかりした気持ちを表現せずに相手にお礼の言葉を伝えるのではないでしょうか。このように、私たちは日常生活において、どのような場面でどのような感情表出をすべきであるかというような感情表出を管理するガイドラインに従って感情を表出しています。エクマン*4らはこのようなガイドラインを表示規則（display rule）と呼んでいます[10]。表示規則には、

①最小化（実際の感情よりも弱めて表出する）
②最大化（実際の感情よりも強めて表出する）
③マスキング（実際の感情ではなくニュートラルな表出をする）
④代用（実際の感情とは異なる感情を表出する）

という4つの方略があり、これらは他者との関わりの中で学習されていくとされています。

　表示規則に従った感情表出について実験的に検討したコールの研究では、3、4歳児でも「期待はずれのプレゼント」を受け取ったときにプレゼントの贈り主の前ではネガティヴな感情表出を抑制することが明らかになっています[11]。このように表示規則に従って感情表出を制御することは幼児期の早い段階から可能であり、その後、自分の感情表出が他者の感情や信念などにどのような影響を及ぼすのかなどに関する理解の深まりに伴って、幼児期後期頃にはより意識的、意図的に感情表出を制御することができるようになっていくと考えられます。

*4 ポール・エクマン (Paul Ekman)。1934年-。アメリカの心理学者。感情と表情に関する先駆的な研究を行い、感情心理学の分野を開拓した。

4.4 道徳性・規範意識の芽生え

（1）他律的な道徳性と自律的な道徳性

　子どもはなぜきまりやルールを守るのでしょうか。「きまりを守らないと先生に叱られるから」「ルールを破ったら楽しく遊べないから」など様々な理由が考えられるでしょう。例えば、おもちゃを順番に使う、ブランコの順番に並ぶなど「順番」というルールは比較的早い段階から意識されるものの一つであると考えられます。最初は「○○くんが終わったら、××くんの番だよ」「順番ね」などの保育者の声かけによって、順番を守ることが促されますが、次第に子ども自身で「順番、順番」と言いながら列に並ぶ姿や、子ども同士で「並んでるよ」「順番だよ」というように順番を守るよう互いに声をかけ合う姿が見られるようになっていきます。このようにルールは次第に子どもの間に定着していきます。

　しかしながら、子どもは最初からきまりやルールを守ることの意義を理解しているわけではありません。最初は、「先生に叱られるからルールを守る」というように、ルールや規範は親や先生など権威のある人が決めた絶対的なものであると捉え、信頼する大人の言うことが正しいと考えてきまりやルールに従って行動します。これは他律的な道徳性と呼ばれています。それでも、最初は自分がおもちゃを最初に使いたいという気持ちを抑えることができなくて、順番が守れないこともあるでしょう。そのようなときには、保育者は子どもが「きまりを守らないと他の人はどんな気持ちになるか」「なぜきまりを守らないといけないのか」などについて考える機会を作り、子ども自身がきまりやルールを守ることの大切さに気づくことができるように援助をしていきます。それらの経験を通して、幼児期後期頃には、子どもは自律的な道徳性を身に付けていきます。

（2）結果論的判断と動機論的判断

*5 ジャン・ピアジェ（Jean Piaget）。1896-1980年。スイスの心理学者。彼の認知発達理論は、その後の心理学者に大きな影響を与えた。

　ピアジェ*5 は子どもの道徳的判断について、「行為の結果に着目した結果論的判断」から「行為の動機や意図に着目した動機論的判断」へと年齢とともに移行していくと考えました。そして、その後の研究によって、幼児期後期の子どもは道徳的判断において、行為の結果だけでなく行為の意図も考慮するものの、児童期の子どもに比べると意図よりも結果を重視することが示されています[12]。

事例 2　わざとじゃないもん……

　自由遊びの時間に、保育室で5歳児クラスのC男とD助が戦いごっこをして遊んでいました。その近くで、E太がブロックで大きな飛行機を作っていました。E太は飛行機を作り終えると、F先生に見せようと飛行機を持ってF先生のところに行こうとしました。そのとき、戦いごっこをしていたC男がD助から逃げようと急に進行方向を変えたため、C男の手がE太が作った飛行機にぶつかってしまいました。そのはずみで、飛行機は床に落ちてバラバラになってしまいました。E太の泣き声に気づいたF先生と子どもたちが集まってきました。E太は泣きながら「C男くんが壊した」とF先生に訴え、周りにいた子どもたちもF先生に状況を説明しようとしました。C男はまずいという表情をしながら「わざとじゃないもん……」と小さな声で言いました。F先生がC男から話を聞き、C男はわざと壊したのではなく、たまたま手がぶつかって壊してしまったことをE太に伝えました。C男が「壊しちゃってごめんね」とE太に謝ると、E太は少し気持ちが落ち着いた様子で「うん。今度から気を付けてね」と言いました。

　幼児期は結果を重視する傾向にあるとはいえ、特に後期になれば、意図的に行ったネガティヴな行為は意図的でない場合よりも悪いと判断されます。そのため、事例2のように幼児期における子ども同士のトラブル場面では、相手の行為が故意によるものだったのか、それとも故意ではない偶発的なものだったのかに焦点が当たることがあります。なぜなら、相手の行為が故意によるものだったかどうかによって、引き起こされる感情やその後の行動が変わってくる可能性があるからです。もしC男が故意に飛行機を壊したのであれば、E太は怒りの感情を抑えることができず、たとえ謝罪されたとしても許したくないと思うかもしれません。このように、相手の行為や生じた結果だけでなく、相手の意図にも着目しながら道徳的判断を行うようになり、児童期にかけてより相手の意図を重視するようになっていくと考えられます。

　保育所保育指針における「幼児期の終わりまでに育ってほしい姿」の一つに「道徳性・規範意識の芽生え」が挙げられています。何がしてよいことで、何がしてはいけないことなのか、日常生活の中にある様々なきまりやル

ールは何のためにあるのかを考えるきっかけも、園生活や子ども同士の関わりの中にあることが多いと考えられます。子ども自らが当事者となって他児や保育者との関わりを経験したり、他児同士の関わりや他児と保育者との関わりの様子を第三者の立場から見聞きしたりすることを通して、道徳性や規範意識は芽生えていくのです。

引用・参考文献

1) Parten MB. Social participation among pre-school children. The Journal of Abnormal and Social Psychology 27: 243-269, 1932.
2) 本郷一夫編『「気になる」子どもの社会性発達の理解と支援―チェックリストを活用した保育の支援計画の立案―』北大路書房、2018年
3) 倉持清美「第8章仲間と出会う場としての園」無藤隆編『保育・看護・福祉プリマーズ⑤発達心理学』ミネルヴァ書房、2001年、pp.109-126
4) Lewis M. The emergence of human emotions. In Lewis M. & Haviland JM. (Eds.), Handbook of Emotions. New York, Guilford Press: 223-235, 1993.
5) 菊池哲平「幼児における状況手がかりからの自己情動と他者情動の理解」教育心理学研究 54: 90-100, 2006.
6) 中川美和・山崎晃「幼児の誠実な謝罪に他者感情推測が及ぼす影響」発達心理学研究 16: 165-174, 2005.
7) 林創『子どもの社会的な心の発達―コミュニケーションの芽生えと深まり―』金子書房、2016年
8) 柏木惠子『幼児期における「自己」の発達』東京大学出版会、1988年
9) 長濱成未・高井直美「物の取り合い場面における幼児の自己調整機能の発達」発達心理学研究 22: 251-260, 2011.
10) Ekman P. & Friesen WV. The repertoire of nonverbal behavior: Categories, origins, usage, and coding. Semiotica 1: 49-98, 1969.
11) Cole PM. Children's spontaneous control of facial expression. Child Development 57: 1309-1321, 1986.
12) 鈴木亜由美「幼児の意図理解と道徳判断における意図情報の利用」心理学評論 56: 474-488, 2013.

コラム2 児童養護施設における人間関係

■児童養護施設の子どもたち

児童養護施設は、何らかの理由により家庭で生活することが難しくなっているお子さんをお預かりし、そのお子さんと家族に寄り添いながら自立に向けてサポートしていく施設です。基本的に18歳までの様々な年齢のお子さんが、ひとつ屋根の下で保育者たちと共に日々の生活を送っています。保育者は、日々の生活を通してお子さんたち一人ひとりの発達に寄り添っていきます。

施設でお子さんたちと共に生活をしていると、様々なお子さんにお会いすることになります。ここでは、あるお子さんがたくさんの人たちに出会い成長していった様子をお話しします。

■静かな子

2歳で私たちの園にやってきたAちゃんは、とても落ち着きはらった様子を見せてくれるお子さんでした。初めての場所でも、表情を変化させません。しかも、あまりにやせ細った姿で、初めて相対する保育者も驚きを隠せませんでした。抱きかかえると、肌を通して肋骨の形が露わとなり、心臓の鼓動のみが大きく伝わってきました。保育者が涙ながらに、「はじめまして。よく来てくれたね。待ってたよ」と何度も話しかけていたのがとても印象的でした。

Aちゃんは静かなお子さんでした。保育者が離れても、泣いたり後追いをしたりはせず、仏頂面で一定の方向を見つめて日々を過ごしていました。そのため保育者は、意図的にAちゃんへの声かけを行っていました。反応がないときでも、おしゃべりをしているように楽しく明るく声をかけ続けていたのです。

気になることはそれだけではありません。Aちゃんの肌は血色が悪くカサカサな状態でした。そのため、保育者はAちゃんをお風呂に入れ、肌を丁寧に拭いていきました。まるで赤ちゃんを入浴させるように優しく。あたたかいお湯につかったAちゃんは、その瞬間、表情をみるみる変化させました。穏やかな安心に包まれたような表情を見せたのです。保育者もその様子からAちゃんの安心感を感じ取り、お風呂での時間を大切にしていくこととしました。次第に肌も赤みを帯び、しっとりとした肌へと変化していったのです。

Aちゃん自身が安心を感じられるように保育者が根気強く、そして愛情を注ぎながら、毎日の生活で寄り添っていく中、ある日、大きな出来事が起こりました。Aちゃんの傍らにいた保育者が、洗濯物を取り入れるため、他の保育者にAちゃんの傍らにいてもらおうとしたときです。突如、Aちゃんは大きな声で泣き始めたのです。園に来てから、大きな声で泣くことはなかったため、周りの保育者は大いに驚きました。すると、いつも傍らにいた保育者は、満面の笑みで駆け寄り、「ありがとう。泣いてくれて。嬉しいよ」と涙しながらAちゃんを抱きしめたのでした。長く続いてきたトンネルの中から光が見えるように、サイレントベイビーと言われる状態からやっと抜け出すことができた瞬間でもあったのです。その場に居合わせた保育者たちが、共に感動の涙を流しな

がら喜びあっていたことを今でもよく思い出します。

　その後Aちゃんは園の中で、順調な発達を遂げていくことになります。確かに、発達の曲線からすると、平均的な数値にはなかなか達しませんでしたが、園の友だちとの関係性も良好で、穏やかな中に自分の意志は曲げない強さも持ち合わせていました。幼稚園に通う段階になり、保育者はAちゃんの実親さんとも意図的にコミュニケーションを持とうとしていきました。参観日などの行事には、保育者と実親さんが共に参加し、Aちゃんの成長を共に喜びあいながら寄り添っていくことを大切にしたのです。当初は表情も固かった実親さんですが、成長を保育者と感じていく中で、次第に大変だった子育てのことなどについても、保育者に打ち明けてくれるようになったのです。Aちゃんをまん中に、みんなが温かいつながりを持っていくこと、これがAちゃんの支援に一番大切なことであると気づかされた瞬間でもありました。

　保育者の努力もあり、Aちゃんと実親さんとの関係は次第に改善され、小学校の中学年になるタイミングで、家族は再統合を果たします。Aちゃんが家族のもとに戻る日、幼稚園の園長先生が門出をお祝いに来られました。園長先生は、「もう離したらいけんで」と言いながら、涙する実親さんを涙ながらに抱きしめる姿がありました。

■関わりの糸

　家族のもとで生活するようになったAちゃんが、再び園で生活するようになることはありませんでした。でも、時折遊びに来て、感情豊かに話をしてくれました。中学生、高校生を経て、今はお子さんを育てていく親となっています。「子育てって本当に大変。でも、支えがあると助かる」、そう話すAちゃん。
「そうだよ。子育てはみんなでやっていくものだよ。だからこそ、命がつながって輝いていくのだよ。Aちゃんをまん中に、いろんな涙が周りの人たちをつないでくれました。出会いは、ある日突然。出会ったときの細く切れそうな糸は、時とともに太くて離れない絆となりました。その細い糸こそ、人と人との温かい関わりであり、その糸を大切に紡いでいく存在として、保育者がいるのですよ」

　Aちゃん、あなたに出会えたこと、心から感謝します。

第5章 子どもの遊びと人間関係

幼稚園教育要領（2017年3月告示）に「幼児の自発的な活動としての遊びは、心身の調和のとれた発達の基礎を培う重要な学習である」とあります。まさに幼稚園や保育所等での活動の中心は、遊びということになるわけです。そこで子どもたちが得る学びは、もちろん人間関係に関わることもたくさんあります。あるいは逆に、多くの人間関係に関わる営みが、子どもの遊びを豊かにするとも言えるのです。

5.1 子どもの育ちと遊びの関係性

現代社会においては、子どもが子どもらしく遊び、生活するための"仲間""時間""空間"が失われてきていると言われています[1]。少子化を背景として、ともかく子どもに怪我がないようにとの配慮から公園の使い方に多くの制限が加えられるなど、遊び空間への規制が進んでいます。また、テレビやゲームやスマートフォンなどの情報機器が子どもたちの間でもあまりに身近になって、人と人とが直接に関わる機会が少なくなっています。その結果、子どものコミュニケーション能力の不足や、自制心や規範意識の不足など、人と関わる力の育ちの問題がクローズアップされています。

筆者が勤務していた園でも保育者のひざを求めたり、畳の上でごろごろしたりして遊べない子どもの姿が見られました。そして、遊び出しても自分の思いが先走り、友だちの思いを汲み取れずにトラブルが起き、協調しにくい姿も見られました。

しかし、こういうトラブルが「いつの間にか」遊びに転換してしまうこともあります。早めに仲裁に入ってしまうと子ども同士の人間関係が育つ「いつの間にか」のチャンスを失ってしまうので、筆者はできるだけ成り行きを見守るようにしていました。この「いつの間にか」トラブルが楽しい遊びに変わるという点は、子どもの人間関係の屈託のないよさだとも感じていました。また、子ども同士が偶然に隣り合わせになったことから一緒に遊び始

[1] 詳しくは、第1章、第6章参照。

たり、同じ興味のある遊具を媒介に遊び出したりすることもありました。その中で友だちとの遊びの楽しさを経験する場合もありました。

子どもは日々、このような遊びの体験から人間関係の機微を学んで成長しています。今日の社会にあっても、"仲間""時間""空間"が保育所、幼稚園、認定こども園等の幼児教育施設では保障されていて、保育者による適切な指導援助が行われます。そこでの遊びは、子どもの育ち、人間関係の構築には特に重要です。

5.2 子どもにとっての遊びの有用性

久保田は、「〝あそび〟のない生活は、子どもをただしく教育し、その発達を保障する場をもたないものだといっていい」[1]と述べています。また、「あそびは子どもにとってだいじなものである。かれらはあそびに集中しているとき、いちばん安定している。ただしく解放された状態であるといってもいい。集中し、充実しているとみることもできよう」[2]とも述べています。

子どもにとっての遊びは、それ自体が学びであると同時に、その後の学びの土台ともなるものです。子どもは楽しい遊びの中で主体的にモノやヒトと関わります。そのとき、子ども自身がワクワク、ドキドキして楽しいと感じることが大切です。その際の心情や意欲や態度は、子どもたちがこれから何かを学ぶ際の大きな支えとなります。自分たちがやりたいという自発的な遊びの意義は、ぜひ押さえておきたいと思います。

*2 ロジェ・カイヨワ（Roger Caillois）。1913-1978年。フランスの社会学者。関心の幅が広く、研究は遊び論の他、神話、戦争、夢など多岐にわたる。

また、カイヨワ[*2]は、「遊びは、自由な活動である。しかも、それは不確実な活動である」[3]として、「成り行きがあらかじめわかっていて、間違いや驚きの可能性もなく、避けられない結果を明白にもたらすとしたら、それは、遊びの本質とは両立しない」[4]と述べています。結果が不確定だからこそ、子どもたちにとって遊びが魅力的なものになるのです。これからの社会は、不確実で変動的で複雑で曖昧だと言われますが、そのような時代を生き抜く力も、不確定な活動としての遊びを十分に経験する中で得られるのかもしれません。そのような時代背景を踏まえると、子どもの遊びの意義は、さらに大きくなると思います。

5.3 遊びの中での人間関係

子どもの遊びは、年齢によって変化していきます。図5-1で示す遊びの発達的変化の「波」を参考にすると理解しやすいでしょう。ここでは、2歳後半頃から4歳頃に頻繁に出現する「イメージ」の遊びに焦点を絞って、子ど

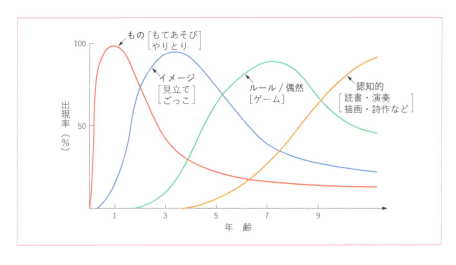

図5-1
遊びの発達の変化の「波」

「もてあそび」とは手に持って遊ぶことであり、「やりとり」は主に身近な大人との間でものを渡したり渡されたりする遊びである。「見立て」はものを何かに見立てて遊ぶことであり、「ごっこ」は何かになったつもりで遊ぶことである。「ルール／偶然」とは、「ゲーム」の中で生じるものであり、例えばすごろくでは、出たさいころの目に従って進み、場合によって1回休むなどのルールに従うが、同時にさいころの目がいくつかは偶然ということになる。「読書」「演奏」「描画」「詩作」などは、主にそれ以前の遊びよりも、外界の対象をより正確に知覚して状況を判断するといった高度の認知に関わるものである。（中野「発達心理学的遊び研究はどのような問題点と可能性を含んでいるか：理論的考察」[5]をもとに作成）

も同士の人間関係について解説していきます。

「イメージ」の遊びには必ず友だちや保育者等の人間関係が大きく影響してきます。園では子どもたちは、大切な主体者として受け止められています。自分は愛されているという確信を支えとして、安心して友だちと関わりそのよさに気づいていきます。そして、気の合う友だちができたり、一緒に遊びたい友だちができたりしていきます。以下、3歳児と4歳児の異年齢クラスにおける「イメージ」の遊びの実践事例をもとに考察していきます。

（1）イメージの共有

図5-1からわかるように、1歳頃の「もの」での遊びに続いて2歳頃から「イメージ」の遊びが目立ってきます。ここでは、友だちとイメージを共有しながら遊びを発展していく事例を紹介します。

事例1　みんなで川を作ろう　11月16日

昨日の大雨で園庭にできているたくさんの水たまりの1つを、4歳児の男の子2人、3歳児の男の子2人の計4人で、スコップで掘り始める。スコップで掘りながら、
A男（4歳）「先生、川だよ！」
B助（3歳）「どんどん大きくなるだよ」
部屋でブロックをしている友だち（外に出たくなく、汚れることが嫌いな3歳児の男の子）に
B助　　　「Cちゃん、外にきないな。川づくり楽しいだよ」
D平（3歳）「だあよ、楽しいだよ」

5.3　遊びの中での人間関係　43

> 　　　　　その誘いにＣ太（３歳）も参加。だいぶ川も大きくなったが、水たまりの水もだんだんなくなってきた。
> Ｅ夫（４歳）「雨になれ！　雨になれ！」
> 保育者　「なんで？」
> Ｂ助　　「船が動かんもん」
> Ｃ太　　「あっ！　ミミズ。ミミズのお家をしてあげよう」
> Ｄ平　　「あっ！　船を作ろう。船にミミズを乗せてあげよう」
> 保育者　「どうやって船を作る？」
> Ｅ夫　　「葉っぱでしよう。大きい葉っぱじゃないとミミズは乗れんよ」
> 　　　　Ｃ太が藁（わら）を見つけてくる。
> Ａ男　　「それで魚釣りをしよう。ペットボトルで魚は作れるよ」
> Ｂ助　　「みんな掘れ、川を掘れ、もっと掘れ」
> Ａ男　　「温泉も作ろう」
> 　　　　片付けの音楽が流れる。
> 全員　　「えっ！　嫌だ」
> 保育者　「美味しい給食のにおいがするけどな」
> 全員　　「じゃあ、さくらさん（５歳児）に壊さんで！って言っておいて」

　事例１は、なんでもない水たまりを掘ってみたら、次々にイメージが膨らんで、遊びが発展していった場面です。魚はペットボトルで作れるという発想は、以前、水族館ごっこのときに作った経験を思い出したようです。

　自分が楽しいと思うことを友だちにも共感してほしいという気持ちからか部屋にいる友だちも誘っていました。自分が楽しいと思えることを何とか他者と共有したいという気持ちがよく表れています。そして、途中から遊びの仲間に入り、すでに遊んでいる子どもたちが共有しているイメージを、すぐに自分も共有することで、遊びにスムーズに溶け込むことができていました。４歳児が３歳児の発想した事柄に対して共感してやることで、３歳児は自信を持ち、次の発想につなげる役割を果たしていました。

　保育者は、子どもたちがイメージを共有するような言葉を発したときには、その言葉に共感し、仲間との見立て遊びがスムーズに展開できるようにします。

（２）集団で遊ぶ楽しさの共有

　イメージの共有から子どもたちがいろいろなアイデアを出し合い、遊びを発展させ楽しさの共有につながった事例を紹介します。

事例 2 　川をもっと大きくしよう　　11月17・18日

11月17日
　一日中雨が降っており園庭には出られず、絶えず外の水たまりの様子を気にしている。

11月18日
　朝から早く外へ行こうと言ってくる。新しい川を開拓する。水のないところへ別の水たまりから水を運んでくる。

B助（3歳）「橋を作ろう」
　と言って、ブロックを持ってきて横向きに置くが、橋の高さが足りず船が通れない。
　それを見ていた、F子（4歳）がブロックを縦に2個置き橋げたを作る。

E夫（4歳）「ここの砂をもっと取れば川に水がいっぱいになるだん」

C太（3歳）「あっ！　山も作ろう」
　ペタペタ作り始める。

C太（長い棒を見て）「あっ！　海蛇がおる」

B助　　「海蛇が釣れたらここに入れようで」
　空きパックを持ってくる。
　片付けの音楽が流れる。

F子　　「明日もしたいな。雨でも、したいけー、みんな傘か合羽持ってこようで」

▲橋ができている。

　事例2は、前日は一日中雨だったので外に出ることが不可能でした。しかし、窓の外を眺めながら水たまりの様子をクラス全員が気にしていました。
　保育者に「水がいっぱいになった」「水たまりが大きくなった」等、報告に来ていました。もっと、水たまり遊びがしたい！　早くしたい！　という、わくわくした気持ちをうかがうことができます。そして、前々日からの水たまり遊びが、どんどん発展していきました。橋を作ったり、山を作ったり等、いろいろな形で発展しています。最終的にはそれらがつながっていくことを意識しているようです。
　友だちと同じ場で個々に自分のしたいことをして遊んでいましたが、物や場を共有していくことで、友だちとのつながりを感じて遊ぶ姿が見られてきました。一人ひとりの子どもの心の内に、集団で遊ぶ楽しさが生まれてきています。友だちや年下の子どもに教えてあげるという場面も少しずつ見られ

るようになっていました。前日の雨の教訓から、「傘か合羽を持ってこよう」という発想が生まれたのでしょう。振り返りの力が見られます。

　本事例では、保育者から子どもたちに「川を大きくしよう」と誘ったわけではありません。しかし、子どもたちは協力して川を広げています。まるで、単に同じ活動をしているだけで、互いに仲間同士のつながりを感じているかのように見えます。他者と関わる空間、時間を作ることも保育者の大切な役割です。

（3）遊びを作る

　自分一人では思いつかなくても、友だちと一緒に仮説を立てたり議論したり検証したりすることで、遊びに様々な展開が生まれます。ここでは、子ども同士の人間関係に注目して、物的環境、空間的環境、自然環境と主体的に関わりながら、子どもが友だちと一緒に遊びを作り出していく事例を紹介していきます。

①絵本の中からの遊びの発見

　絵本は、保育文化財（児童文化財）として保育現場で広く使われています。絵本を読み聞かせしたからといって、即効的な効果が見られるものではありません。しかしながら、絵本は子どもたちの自己肯定感を高めたり、生きる力を培うための知識を与えてくれたり、感性を豊かにしたりしてくれます。

　ここでは、絵本の世界を再現したいという子どもたちの思いから生じた事例を紹介します。友だちと一緒にイメージを共有しながら創造力を膨らませお話を作ったり遊びを発展させたりしていた点は、特筆すべきものだと思います。

事例3　ミイラごっこをしよう　　1月28日

　朝の会で『バムとケロのさむいあさ』という絵本の読み聞かせをする。それから何度も「バムの絵本を読んで！」と言ってくる。そのうちに「ケロみたいにミイラごっこしたい！」と子どもたちが言い出す。
　8個のトイレットペーパーを準備してミイラごっこを始める。一人でペーパーを巻こうと必死でするが、一人ではなかなか巻けない。自然と4歳児が3歳児の体にペーパーを巻いてやる姿が見られ始める。

G美（4歳）「手を上げて、回って回って！」

　と言いながら、3歳児の女の子に巻いていく。

　しかし、ペーパーには切れ目がついていて、すぐに切れてしまい思うようにできない。

　F子（4歳）「先生、セロハンテープとガムテープを持ってきて」

　セロハンテープとガムテープで、なんとか巻くことができる。

　H夫（3歳）「見て見て、ミイラストロンガーだよ」

　I助（3歳）「シッポつけて！　だって恐竜のミイラはシッポがいるもん」

　F子（4歳）「忍者ミイラになりたいけ、顔にも巻いて」

　C太（3歳）「ぼくも」

　J佳（4歳）「Lちゃんウエディングドレスみたい」

　「ミイラは死んだ人間だから、ミイラごっこはしたくない」と言っていたK介（4歳）・E夫（4歳）も知らないうちに遊びに入っていた。

　保育者「どう？　E夫くん？」

　E夫　「見てたら楽しそうだった」

　ひとしきり遊んだら、ペーパーをはがし始める。

　B助（3歳）「川みたい」

　A男（4歳）「雪みたい」

　ペーパーを投げる。ライスシャワーのように「おめでとう！」と言って投げ上げる子どももいる。

　J佳　「あーおもしろかった」

　子どもたちは、絵本の読み聞かせがきっかけで、自分たちも同じ遊びをしてみたいという気持ちになりました。実際にしてみると、絵本のようには上手にできないが、どうしたらできるかを友だちと相談したり考えたり工夫したりしながら遊びを作り出していく姿が見られました。

　4歳児には、一人ではできないことがわかったら、すぐに3歳児を手伝ってあげよう、そして3歳児を先にしてあげようという思いやりの気持ちが見られました。はじめは、ミイラごっこ*3 に参加したくないと言っていた4歳児の男の子も傍観しながらも気持ちは遊びの仲間に入っていたようです。自然に遊びに加わることができました。

　それぞれが自分なりの表現を楽しんでいましたが、事例3で保育者は言葉

*3 最近の保育現場では、ものを無駄にしないことについて、保育者の理解はもちろん、子どもへの指導が進んでいる。子どもに豊かな経験を保障する意図から、様々な素材を使うことは間違いない。しかし同時に、例えば、幼児が製作活動で使い残した色紙は、とっておいてまた次の機会に使うような工夫が多く行われている。

では「どう？ E夫くん？」としか言っていないものの、実際にはものを用意したり表情やしぐさで子どもの活動を促したりして、一つのストーリーを導き、友だち同士が楽しさを共有していました。つまり、現実の世界からごっこの世界へと移るとき、保育者には、子どものイメージを整理したり、一人の子どもの考えをみんなが理解できるよう伝えたりする大きな役割があります。また、ごっこの世界を共有することで子どもたちは安心して遊びを発展させていくことができます。

②遊びの発見と自然体験とのつながり

倉橋は、「自然物ほど、幼児の全身性に円満な効果（はたらき）を与えうるものはない」[6]と述べています。特に自然体験は、子どもの生きる力を支える大きな糧（かて）になります。

ここでは、身近な雪という自然に目を向け、それに主体的に関わる中で、自分なりの感じ方を言葉で表出したり、友だちの発想に触れて、自分だけでは気づかなかったことに気づいたりする事例を紹介します。

事例 4　雪遊び　　　　　　　　　　　　　　　　　　　2月1日

豪雪で園庭は一面雪に覆われていた。「雪遊びをしよう！」という子どもたちの声で、雪遊びの準備をして外に出かける。
E夫（4歳）「こんなところ歩けんわ！」
と言って、ポケットに手を入れたまま不機嫌そうに立っている。
K介（4歳）「手をひっぱってあげるけー」
二人で足跡一つない園庭を歩き始める。
ソリ山で仰向けに寝転がっている子どもたち。
L美（4歳）「キラキラして綺麗！」
D平（3歳）雲を見ながら「まぶしい！　雲が動いてる」
L美　　　「ロボットがあけましておめでとう！って言ってる」
D平　　　「あっ！　ブルドーザーみたい、ワニみたい」
木の下で遊んでいる子どもたち。
J佳（4歳）「あっ！　雨だ」
F子（4歳）「違うよ、雪が解けてるだん」
保育者　　「雪が解けたらどうして水になるの？」
G美（4歳）「だって氷が雪になるだけ（なるのだから）、氷が解けたら水になるだん」
広い場所で遊んでいる子どもたち。雪の上にみんなで腹ばいになってい

る。
L美　「プールみたいだよな！」
F子　「うん、平泳ぎしてみよう」
と言って、みんなで泳ぐ真似をする。
D平　「みんなイルカみたいだな」
J佳　「雪の上にバサッとしてみない？
　　　顔の跡がつくよ。体を写すなら体全
　　　体で飛び込まんといけんよ」
しばらく飛び込み遊びが続く。そして、できた形を見ながら
J佳　「これって、ミイラみたいだよな！」
と言って、ミイラごっこに発展していく。

▲雪の上にバサッと飛び込む。

　初めての豪雪でほとんどの子どもたちが、大喜びで雪遊びを楽しんでいます。4歳児は、今まで経験した雪遊びを土台に、友だちと振り返りながら遊ぶ姿がありました。3歳児は、初めての豪雪に驚きながらも、雪遊びでの自分の発見に自信を持って友だちに思いを伝える姿が見られました。
　ここには、冬の自然事象（雪）に触れて新たな発見をし、その発見を友だち同士で共感しながら次の発見をしていく姿が見られます。雲の動きや雪が解けることへの気づきなど、科学の芽が育ちつつある場面もありました。
　初めての発見には、保育者に自分の思いを共感してほしいという気持ちを前面に表してきた姿が見られます。保育者が子どもへの共感性をもつことで、子どもたちは受容されているという気持ちになり安心して、そして自己表現に自信を持ち、遊びを楽しむことができたと言えるでしょう。

5.4　子どもの遊びと保育者の課題

（1）遊びの共有について

　子どもたちが一緒に遊んでいると、場や玩具はもちろん、イメージや楽しさなど様々な思いを共有する姿が見られます。3歳児より4歳児の方が、共有する事柄は、より具体的で緻密になってきます。共有される事柄が増えるにつれて、子どもたちの関わりや親密性も高まっていきます。

（2）遊びを作り出す

　友だちの存在は遊びに様々な展開を引き起こします。友だちがいろいろなアイデアを出してくれることで、遊びが発展して楽しさが増してきます。友だちがいることで、自分一人ではなかなか思いつかないような展開が、遊びの中に生まれてくるのです。

（3）人との関わりを育むための保育者の課題

　子どもが友だちと活動する中で、友だちと考えたり、工夫したりして共通の目的を達成することは重要です。豊かな遊びを通して人との関わりを深め、共通の目的を生み出し、それが実現できるように保育者は豊かな遊びを生み出す環境構成もしていかなければなりません。また、保育者は遊びの中で子どもの内面を丁寧に読み取り、子ども同士の関わりが持てるような働きかけをしていくことも重要です。

引用・参考文献

1) 久保田浩『あそびの誕生』誠文堂新光社、1973年、p.28
2) 同上、p.29
3) R.カイヨワ著、清水幾太郎・霧生和夫訳『遊びと人間』岩波書店、1970年、p.10
4) 同上
5) 中野茂「発達心理学的遊び研究はどのような問題点と可能性を含んでいるか：理論的考察」藤女子大学短期大学研究紀要23(0)：43-65, 1985.
6) 倉橋惣三『幼稚園雑草（上）』フレーベル館、2008年、p.95。この引用は、倉橋が作中の登場人物（仮想の幼稚園の園芸主任）に語らせる形で、自身の考えを述べたものです。

・鯵坂二夫監修、上野恭裕編著『改訂　新保育方法論』保育出版、2009年
・経済協力開発機構（OECD）『社会情動的スキル　学びに向かう力』明石書店、2018年
・島田ゆか『バムとケロのさむいあさ』文溪堂、1996年
・牧文彦「遊びの教育人間学的考察」下程勇吉編『教育学人間学研究』法律文化社、1982年、pp.47-62
・山田敏『遊び論研究』風間書房、1994年

コラム3 異年齢保育と子どもの人間関係

■ 異年齢保育の始まり

　私たちの園では、2歳児から5歳児までの異年齢保育（本園では「おうちの保育」と称しています）をしています。当初は年上の子が年下の子をいじめたり、ぶつかってケガをさせたりしないだろうかと心配していましたが、まったくそんなことはありませんでした。「小さい人は愛おしい」という思いが子どもたちの心の底にあるようです。それは自分もまた愛おしく関わってもらった経験があるからだと思います。

　この異年齢保育は、なぜか子どもたちにイライラ感が強く、よくケンカをして泣きわめいた状況への保育者たちの疑問から始まりました。本園は熊本県多良木町、いわゆる過疎の町にありますが、今から10年以上前の2010年度には入所児童も多く、120名の定員を十分に満たしていました。園の運営には何の問題もありませんでした。しかし、その頃の子どもたちの状況はとても気になるもので、保育者は「なんでだろう？」と自問自答の日々を送っていたのです。

　しかしそうした中でも、近所の人たちに関わってもらうとき、具体的には、綱引きの縄を綯（な）ってもらったり、椎茸のコマ打ち＊をさせてもらったりしているときは、子どもたちに緊張感やピリピリ感がなく、普段よりも落ち着いて見えます。近所の人たちには自然な語り口で質問したり会話をしたりしているのです。このような経験もあって、「年齢差」があることが子どもの落ち着きにつながるし、それは子ども同士でも言えることなのではないかと考えました。

　私たちの園ではそれまでは同年齢クラスで、小学校入学までに「できるようになる」ことや「よい子である」ことを目標にしてきました。しかし、子どもたちはそのための細かい干渉にうんざりしていたのではないかと思います。異年齢の子ども同士が場や時間を共有しながら、もっと自分の思いが満たされることが必要だったように思います。

■ 異年齢保育で変わりつつあるもの

　異年齢保育が始まって2ヵ月が経とうとしていた頃、全部の「おうち」で玉ねぎ掘りをしました。年上の子が年下の子の手を引いて出かけるのにももう慣れて畑へ向かいました。途中出会ったおじちゃんたちから「どこに行くと？」「たくさんとっておいで」と声をかけられたりして、子どもたちは広い畑に着くと、大喜びで掘り始めました。

　園に帰ると、さっそくみんなで玉ねぎ掘りの絵を描いてみました。しかし年中児のYくんは、となりの年長児の絵を見て何とか途中まで描いたものの、あとは進みません。Yくんは4人きょうだいの末っ子で甘えん坊です。最初は泣いてお母さんから離れようとしなかったのですが、この頃には年下の子を三輪車の後ろに乗せて走ったりサッカーをしたりと、何かをして遊ぶ姿が見られるようになっていました。

　お絵描きのとき、周りでは2歳児も3歳児も好きなように画面いっぱいに描いていました。Yくんは席から離

＊ 椎茸の菌を栽培するために木の幹に穴を開け、その穴に菌を含む「種駒」を打ち込む作業。

れず、じっと考え込んでいる様子です。降園時間も近づきクレヨンを片付けましたが、いつもと違って何か言いたそうです。そしてお母さんが迎えに来たのを見ると、担任の側に寄って行き、「また描きなおしてもいい？」と聞きました。担任が「いいよ」と言うと、にこっと笑って帰って行きました。

　それから数日後、畑の中でがっしりと玉ねぎをつかんで両手を広げている絵を描きました。Ｙくんが再び玉ねぎ掘りの絵に挑戦してみようと思ったのは"描きたいように描けばいい"というメッセージが年下の子から伝わったからではないでしょうか。未完成なまま終わることが多いＹくんに"挑戦し、完成させる気持ち"が芽生えたのは様々な年齢の子が一緒にいたからだと思います。

　もちろんもっと普段から、異年齢の子ども同士の関わりは自然に行われています。例えば、Ｇくんには、自分がよければ他はお構いなしという感じがありました。ところが２歳児のＣちゃん（女児）が外で転び起き上がらないでいると、近づいていき起こして砂を払い、「大丈夫？」と言って保育者のところまで連れてきました。あまりにも自然にお世話ができたので、Ｇくんの変化に驚きました。

■様々な年齢の子どもが一緒に過ごす時間

　２歳から５歳までが同じ「おうち」で過ごすことに漠然とした不安と期待を感じながらスタートした異年齢保育でしたが、子どもたちはごく自然にお互いを知り、認め合いながら過ごしているようです。例えば、年長児から見ると２歳児は"小さい"というのがすぐにわかるので"小さいから仕方ない、待ってやろう"とか大目に見たり許してやったりする気持ちがあるようです。

　また、年上の子たちは、自分は注意されることもするのに、年下の子には「危ないからダメよ」などと諭したりしています。年齢差があることで、年下の子が年上の子を真似るばかりでなく、年上の子も年下の子を見ながら優しい気持ちになったり、社会のルールを確認したりしているようです。一方、「おうち」の中で一番幼い２歳児も、大きい子の集団の中にいても自分のことを"未熟だから少々遠慮して過ごそう"などとは思っていません。そこには日々楽しく過ごす豊かな子どもの時間が流れています。

第6章 保育者が支える子どもの人間関係

　幼稚園や保育所等の主役は、もちろん乳幼児でしょう。幼い子どもたちが自ら意欲的に遊びを中心とした園生活を営むためには、彼らの自主性、主体性を尊重することが重要です。しかしそれは、保育者が子どもを放任すべきだという意味ではありません。保育者には、子どもたちの行動を温かい目で見守りながらも、子どもの人間関係を育むために、より積極的に環境を工夫したり、子ども同士の関わりに直接介入したりする責任もあるのです。

6.1　子どもを取り巻く人間関係

　子どもたちの生活から遊ぶための「空間」、遊ぶ「時間」、遊ぶ「仲間」のいわゆる3間が喪失した[*1]と言われるようになってから、どれくらいの年月が経過したでしょう。少子化や保育時間の長時間化の影響もあり、公園で遊ぶ子どもたちの姿が見られなくなりました。地域社会との関わりも希薄になり、地域の子どもたちを見守る温かいまなざしも減少の一途をたどっています。子どもたちの遊びは戸外から室内へと移り、集団から個へと様変わりしています。これらの変容は、子どもの育ちにも大きな影響を及ぼしています。人と関わる力の育ちも例外ではありません。

　人々の暮らしもデジタル化が進みました。デジタル社会に生きる子どもたちにとっては、バーチャルな世界での関わりが一層身近なものになっています。また、大人に絵本や紙芝居を読んでもらわなくても様々なデジタルツールが物語を提供してくれる時代になりました。そのような暮らしは、大人が子どもの育ちのために必要な「手間」をかけることさえも減少させています。近い将来、3間の喪失ではなく、4間の喪失と言われる日が来るのではないかと危惧しています。

　しかし、幼児教育・保育の場には遊ぶための「空間」、遊ぶ「時間」があり、遊ぶ「仲間」がいます。子どもたちを見守る保育者の温かいまなざしと必要な「手間」を惜しまない環境があります。そして、保育者による読み聞

*1 第1章及び第5章も参照。

かせや紙芝居を通して、周囲の子どもたちと場を共有し、物語によって湧きあがる多様な感情を共有できる場があります。保育者は、生活と遊びを傍らで見守り、子どもたちの育ちを支え、人と関わる力を育んでいるのです。

6.2 他者との関わりの中で育つ「人と関わる力」

　子どもは、様々な環境との相互作用によって発達していきます。特に人との関わりは大切であり、中でも身近にいる大人や友だちが与える影響は大きいと言えます。このように、複数の人がお互いに相手に影響を与え合うことを社会的相互作用と言います[1]。幼児教育・保育の場では、保育者、同年齢の子どもたち、異年齢の子どもたち、の3つの出会いがあります。そしてこれらの出会いによる社会的相互作用を通して、保育者も子どもも共に育つ場と言い換えることができます。この節では、これらの出会いを4歳児の事例「おむすびころりん」をもとに考えることにします。

（1）保育者との出会い

　幼稚園教育要領第1章第1には、教師が「幼児一人一人の活動の場面に応じて、様々な役割を果たし、その活動を豊かにしなければならない」と明記され、解説ではその役割を理解者、共同作業者、援助者、行動モデルとしています。さらにこれらの役割を果たすためには、保育者としてよりどころとなることが必要である[2]としています。また、保育所保育指針第1章には、保育士は、「倫理観に裏付けられた専門的知識、技術及び判断をもって、子どもを保育する」と明記され、解説では、保育所の保育士に求められる主要な知識及び技術の一つとして、「子ども同士の関わりや子どもと保護者の関わりなどを見守り、その気持ちに寄り添いながら適宜必要な援助をしていく関係構築の知識及び技術[3]」を示しています。
　保育者は子どもとの生活の中でどのように主体的な活動を支え、人と関わる力を育んでいるのでしょうか。場面1では保育者と子どもの関わりを考えていきましょう。

> **事例 1**　「おむすびころりん」場面1：きっかけ　4歳児　11月
>
> Hくんは外遊びがあまり好きではありません。保育室やテラスで本を読んで過ごすことが大好きです。[a]

ある日、いつものようにテラスで本を読んでいるHくんに担任保育者が「一緒に泥だんご作ろう」と声をかけると、読んでいる本を見せて「これがいい」と答えました。そこへ同じクラスのふたりの女の子が興奮した様子で泥で作った「星」を見せに来てくれました。

ふたり　「先生みてみて、できたよ」
　　　　「大きい組さんが教えてくれたよ」
　　　　「じぶんでつくったんだよ」
　ふたりは、競い合うように担任保育者に報告します。
担任　「わぁ、星の形。上手にできたね」
ふたり　「われないよ」
　　　　「うん、われないよ。さっきおとしたけど、ほらわれてないでしょ」
担任　「本当だ、ひびも入ってないね」
ふたり　顔を見合わせて、誇らしげにしている。
　そのとき、Hくんが顔を上げてふたりを見ていることに気づいた担任保育者は
担任　「見て、Hくん。お星さまだよ。われないんだって。どうやって作ったんだろうね」(b)
Hくん　「すごいなぁ。Hもほしいなぁ」
ふたり　「つくる？」
　　　　「教えてあげるよ」
　ふたりの女の子は自信満々の様子です。
担任　「一緒に教えてもらおうか」
Hくん　「まっててて、本置いてくる」

　この事例の保育者は、Hくんがテラスで本を読んでいることがいつも気になっていました(a)。外で遊んでいる他児の姿が気になっているのではないか、本当は外で一緒に遊びたいのではないか、と考え時機を見て他児と関わるきっかけを作りたいと考えていました。そこで、クラスの子どもたちが夢中になっている泥団子づくりに「一緒に泥だんご作ろう」と誘っています。一度は断られるものの、他児の作った星というカタチに興味を持ったことを察知し、泥団子づくりをするきっかけを作っています。

①保育者の役割
　ここではふたりの女の子にHくんと保育者が星形の泥団子の作り方を教えてもらうという共同作業者としてアプローチ(b)しています。同じものに向

6.2　他者との関わりの中で育つ「人と関わる力」　　55

き合うことによってHくんをより理解しようと試みています。また、わからないことは恥ずかしいことではなく、教えてもらうという姿勢が必要であるということを行動モデルとしてHくんに伝えようとしているように読み取れます。その場面で見られる子どもの言動にはどのような意味があるのかを考えながら向き合うことは、理解者としての役割を果たしているとも言えます。このように一つの場面でも、保育者は瞬時に判断して様々な役割を担いつつ、子どもの育ちを支えていることがわかります。

②関係性への働きかけ

この事例の保育者の言動からは、ふたりの女の子とHくんが仲よく遊ぶことが最終目標ではないことが推察できます。興味や関心を持ったことに自ら取り組むという主体的な行動を通して、他児と関わるきっかけを作ることを意図しているのでしょう。保育者は人と関わる力を育むための関係づくりをするだけではなく、関係性に働きかけることによって多様な相互作用を生み出すことを期待し、主体的に活動できるように援助していることがわかります。そして、主体的な活動に取り組む過程での豊かな経験が人と関わる力を育むことにつながることを確信し、日々子どもたちと向き合っています。

（2）同年齢の友だちとの出会い

3間喪失と言われる社会で乳幼児期を過ごす現代の子どもにとって、幼児教育・保育の場は、同年齢の子どもたちとの出会いの場と言えます。他の子どもたちが生き生きとやりたいことを実現する姿やのびのびとおもしろいことを追求する姿は、意欲を引き出す魅力的な存在として大きな影響を及ぼします。その一方で、他の子どものようにはうまくできないといった葛藤を経験することにもなります。また、他の子どもとの関わりによって、嬉しい、楽しいという感情だけでなく、悔しい、悲しいという感情も経験します。友だちは一緒に遊ぶことの楽しさを経験させてくれる存在でもありますが、「一緒に」という術（すべ）がわかるようになるまでには、ぶつかり合いを繰り返すこともあります。場面1に続く場面2では、同年齢同士の関わりと遊びの中で芽生える感情に焦点を当て、考えていきましょう。

> **事例2**　「おむすびころりん」場面2：われちゃった！　4歳児　11月
>
> 4人で星形の泥団子を作り始めました。ふたりの女の子は、年長児がこんなふうに教えてくれたんだろうな……と想像できるくらい自信を持つ

て、そして丁寧にHくんと担任保育者に「星」の作り方を教えてくれました。
　　ふたりの小さな先生に「じょうず!!」と褒められるとHくんは、はにかみながら嬉しそうにしています。星の形になり乾かし方を教えるところまでふたりが一緒にやってくれました。Hくんが乾かす方法を理解できたと感じ取ったふたりは、年長児のもとに戻っていきました。しばらく順調に乾かす作業をしていたHくんですが、その途中で星の一部が欠けてしまいました。Hくんは大泣きして担任保育者の元を離れませんでした。
　　Hくんには星形はまだ難しいと考えた担任保育者は、数日前に『おむすびころりん』のエプロンシアター*2を演じたことを思い出し、おむすび形の小さな泥団子を作ってHくんに見せました。泣きながらも「おむすび」に興味を持ったHくんは担任保育者からそれを受け取ると、ふたりの女の子に教えてもらった通り、乾かす工程を始めました。慎重に、そして丁寧に乾いた砂をかけ「おむすび」を乾かします。

*2 保育者自身が身に付けたエプロンを舞台に演じられる人形劇。乳幼児教育研究所の中谷真弓氏が考案した。フェルトで作られた人形の裏側とエプロンの該当部分にマジックテープを付けておいて、エプロンに人形を付けたりはがしたりして物語が展開される。保育者の身体と肉声で演じられることから、乳幼児に親しみやすいものとされる。

　場面1で保育者が作ったきっかけは、星形の泥団子づくりとして展開しています。場面2では、他児と関わる経験が少ないHくんとふたりの女の子をつなぎながら、Hくんが興味を持った星づくりに取り組みます。このときの保育者は、少し先のHくんの姿を思い描きながら、傍らでHくんの今を支える援助者と言えるでしょう。また、順調に進んだ星形の泥団子づくりの途中で泥団子が欠けるという事態が起こったとき、この遊びが悲しい、悔しい感情を経験することで終わらせてはならないと考えたのだと思います。保育の環境は「ひと」「もの」「こと」からなるとされますが、Hくんがさらにそれらと豊かに関わることを期待して、Hくんの発達の段階に応じた「おむすび」づくりを提案しています。

①保育者の役割

　担当保育者はHくんの心情を読み取り、共感し受け止めることによって理解者としての役割を果たし、この場面を支えています。また、これまでのHくんの経験を考慮し、より身近に感じられる「もの」「こと」の情報を提供する姿は、遊びの援助者としての役割を果たしていると言えるでしょう。泣いていたHくんが気持ちを立て直しておむすびづくりを始める過程では、担任保育者がHくんにとってのよりどころとしての役割も担っていることがわかります。

②保育者に支えられ気持ちを立て直す

　場面2のように、遊びは様々な感情を生み出します。子どもたちが自分の

感情と向き合い受け止めるのは、簡単にできることではありません。やりたいのにできない、友だちはできるのに自分はできないという経験を乗り越えることは子どもたちの精神面での成長につながります。その成長を確かなものにするために保育者は感情を受け止めたり、共感したりしながら子どもたちと向き合います。その支えがあるからこそ、子どもたちは気持ちを立て直し次の行動へと向かうことができるのです。

（3）異年齢の友だちとの出会い

　地域の公園や空き地が異年齢交流の場であった時代の子どもたちは、年上の子どもたちから年下の子どもたちへ仲間集団における関わり方が伝承されていました。家庭での価値観が仲間集団において必ずしも通用するわけではないということやきまりを守ることの必要性なども体験を通して学んでいたと言えます。そのような学びの場が喪失した現代社会では、幼児教育・保育の場が学びの場となる必要があります。幼稚園教育要領解説にも「年齢の異なる幼児間の関わりは、年下の者への思いやりや責任感を培い、また、年上の者の行動への憧れを生み、自分もやってみようとする意欲も生まれてくる。このことからも、年齢の異なる幼児が交流できるような環境の構成をしていくことも大切である」[4]と示されています。場面1及び場面2に続く、場面3では、年齢の異なる子どもと関わる姿とその関わりによって育まれる感情を考えていきましょう。

事例3　「おむすびころりん」場面3：年下の新しい友だち　4歳児

11月

　昼食後、Hくんは色が変わった「おむすび」をふたりの女の子に見せ、乾いていることを確認してもらいました。すると、いつもは本棚に直行して、テラスで日向ぼっこをしながら本を読むHくんが「おむすび」を持って園庭に行きました。近くで様子を見ていると、Hくんは築山の上に座り「おむすび」を食べる真似をしています。何とも言えない美味しそうな横顔です。次の瞬間、手から「おむすび」がするりと滑って落ちました。一瞬にして、Hくんは泣きそうな表情になり、「おむすび」を追います。そして慌てて拾うと、割れていないかを確認し、ほっとした表情になりました。それを見ていた担任保育者が「おむすびころりんしちゃっ

たね!!」と声をかけると、Hくんはもう割れないと確信したのか「おむすびころりんすっとんとん」と言って築山から「おむすび」を転がしては追いかけて遊び始めました。

いつの間にか年少児の新しい友だちができて、一緒に楽しそうに「おむすびころりんごっこ」をしていました。ところが、降園の準備をする時間が近づいた頃、再びHくんは担任保育者のもとに来てエプロンで顔をかくしながらしがみついて離れませんでした。

その様子を見ていた年少クラスの保育者が「Hくん、おむすびをKくんにくれてありがとう。でも、本当にもらっちゃっていいのかな？」と聞きました。Hくんは顔を見せずに頷きました。その姿を見て、年少クラスの保育者は顔を伏せたままのHくんの背中をそっとさすりながら「ありがとう」と伝え[c]、その場を離れました。「おむすび」を一緒に遊んでいた年少児にあげたことがわかった担任保育者はHくんに声を掛けました。

担任　「優しいね、Hくん。お友だちにおむすびあげたんだね」[d]
Hくん　無言で頷く。
担任　「今日のおむすびは先生が作ったから、明日はHくんが作ってくれる？」[e]
Hくん　無言で頷く。
担任　「やったぁ！　じゃあ、先生は明日、朝ごはん食べないで幼稚園に来ようっと」[f]「いい？」
Hくん　無言で頷く。
担任　「楽しみだなぁ、明日」
Hくん　「（涙を拭きながら）先生は大きいからちょっと大きいの作ってあげる」
担任　「ありがとう（ぎゅうっ）」

　事例「おむすびころりん」のきっかけはふたりの女の子が年長児に星形の泥団子の作り方を教えてもらったことでした。場面3では、星形を作れなかったHくんが保育者に気持ちを受け止めてもらい、「おむすび」形の泥団子を完成させます。それによって、おむすびころりんごっこが生まれ、その遊びを通して、年中児のHくん自身に年少児との交流が生まれています。場面2でふたりの女の子が自信を持ってHくんと担任保育者に「星」の作り方を教えてくれた姿からは、年上の子への憧れが読み取れます。場面3のHくんが年少児に自分の「おむすび」を譲って、しかし同時に残念でならない姿からは、年下の子への思いやりの気持ちと年上としての葛藤も感じ取れます。自分ではどうすることもできない葛藤は、ふたりの保育者に肯定してもらう

(c・d)ことにより折り合いをつけています。

①保育者の役割

　場面3でも担任保育者がHくんのよりどころとなっています。いつでも自分の気持ちを理解して受け止めてくれる信頼できる保育者の存在の必要性とその保育者の受容的な関わりの必要性がわかります。担任保育者は、Hくんに「これをやりたい！」という意欲を持って明日も登園してほしいと願い、言葉をかけ(e)間接的に励ましています。そして確かな約束とするために、さらに言葉をかけ(f)ています。子どもたちは保育者に支えられながら、少しずつできるようになったり、わかるようになったりする過程を楽しいと感じるようになります。そして、それらの経験が明日へとつながり、経験の積み重ねによって得られる充実感や達成感を通して、人と関わる力を培っていきます。時には保育者が子どもの感情に共感し、その感情がまるで自分の感情であるかのように表情として見せることにより、子どもが自分の気持ちに気づく経験をします。また、時には、言葉にできない気持ちを保育者に代弁してもらい、自分の気持ちを整理し気持ちを立て直す経験をします。

②年齢の異なる他児との関わりから育まれるもの

　幼稚園教育要領解説に示されているように、年齢の異なる他児との関わりによって豊かな感情が育まれていることがわかります。幼児教育・保育の場が人との関わりが希薄になった現代社会の子どもを取り巻く環境を補完して育ちを支えているとも言えるのではないでしょうか。

6.3　保育者との双方向の関わりの中で育つもの

　これまでに事例「おむすびころりん」を3場面に分けて、保育者と子どもとの関わりを考えてきました。保育者の受容的な関わりや応答的な関わりが、子どもの自分でできると思える自信や自己肯定感を高めたり、自ら遊びを始めようとする好奇心や探求心、あるいは挑戦しようとする気持ちなどを支えたりしている[5]ことがわかりました。事例「おむすびころりん」の最後の場面4では、Hくんのその後の姿を紹介します。Hくんの言動の変化やそれを支えた保育者の関わりについて、改めて考えましょう。

> | 事例 4 | 「おむすびころりん」場面４：「先生、できたよ」　４歳児
> 11月
>
> 　翌日、Ｈくんは「おむすび」を完成させて担任保育者に「おむすび名人」と命名されました。
>
> 　Ｈくんは数日、「おむすび」を追いかけては築山を上り下りしていました。クラスでは、泥で様々な形を作る遊びが流行りました。
>
> 　数日後、自ら進んで戸外に出て、クラスの他の子どもたちと泥遊びをしていたＨくんが手のひらに何かを載せて、ゆっくりと歩いてやって来ました。広げられた手のひらを見ると、泥で作られた小さな、そしてちょっといびつな「星」がありました。担任保育者が反応する前に、Ｈくんは言いました。
> 「先生、できたよ。ほら、ヒトデ」g
> 「おむすびころりんごっこ」を機に、Ｈくんはよく外で遊ぶようになりました。他児との関わりも増えました。h

　Ｈくんが諦めずに「星」を作ることに挑戦し続けていることがわかります。次の目標を見つけたＨくんは外で遊ぶようになりました(h)。他児との関わりも生まれ、精神的にも強くなり、自己肯定感の育ちも感じ取れます。場面１と場面２では、できないと泣いていたＨくんが、場面４では自分の作った「星」を「ヒトデ」と表現している(g)ことからもそのことが読み取れます。保育者や他児との安定した関わりが情緒の安定へとつながり、主体的な活動としての遊びが充実していることがわかります。

①保育者の役割

　よりどころとなる保育者が温かいまなざしで見守ることが意欲や根気強く取り組む行動につながり、やがては自信を持って主体的に行動する姿へと変容していきます。そして、幼児教育・保育の方向目標[*3]である「幼児期の終わりまでに育ってほしい姿」として現れるようになります。子どもの遊びに意味を見出し、環境を整え、時に励まし、時に喜び、共鳴してくれる保育者の存在が必要であることをＨくんの姿が物語っています。

②Ｈくんの姿が教えてくれること

　生活や遊びの中で、一人ひとりに光が当てられることが必要だということをＨくんの姿から改めて考えることができます。子どもの「見てて」という表現には、まずは自分でするから手伝わずに見守っていてほしい、だけでも

---

*3 「方向目標」は、あることがよりよく向上していく方向性として示される目標。特に子どもの意欲や態度などが伸びることを期待する場合に重視される。これに対して、「到達目標」は、知識・技術・理解など比較的達成の程度を測りやすい場合に設けられる目標であり、子どもがそれを確実に身に付けることが期待されるときに設定される。

きなかったときには近くにいて助けてほしいという心情が感じ取れます。遊び込み、自分に期待を持った子どもの表現は「見てて」から「見て」に変わります。信頼できる保育者との居る場所の距離は離れますが、心の距離は近くなっている証のように感じます。場面1では担任保育者は、Hくんは外遊びがあまり好きではない(a)と捉えていました。しかし、場面4ではよく遊ぶようになったHくんの姿(h)がありました。このことから、保育者は子どもの少し先の姿を思い描きながらも、それに囚われすぎずにありのままの今の姿を支えることが重要であると感じます。

6.4 「安心の基地」であり「安全な避難所」としての保育者

　この章では、興味を持った星形の泥団子づくりをきっかけに他児との関わりを深め、変容してゆくHくんの姿を追ってきました。また、そのHくんを支える保育者の姿にも触れてきました。Hくんが保育者のもとを離れて主体的な活動に踏み出すときには、保育者は「安心の基地」となる存在です。Hくんが悲しい、悔しい気持ちに直面し保育者のもとに戻ってくるときには、保育者は「安全な避難所」となる存在です。保育者が様々な視点から子どもたちを支え、人と関わる力を育んでいるのです。この章での学びを振り返り、子どもたちが意欲的に遊びを中心とした園生活を営むためには自主性、主体性を尊重することが重要であること、遊びを中心とした園生活を通して人と関わる力を培っていること、について理解を深めましょう。

引用・参考文献

1) 井戸ゆかり編著、園田巌・紺野道子『保育の心理学　実践につなげる、子どもの発達理解』萌文書林、2019年、p.67
2) 文部科学省『幼稚園教育要領解説』フレーベル館、2018年、pp.116-117
3) 厚生労働省『保育所保育指針解説』フレーベル館、2018年、p.47
4) 文部科学省『幼稚園教育要領解説』フレーベル館、2018年、p.48
5) 無藤隆・掘越紀香・丹羽さがの・古賀松香編著『子どもの理解と援助　育ち・学びをとらえて支える　第2版』光生館、2023年、p.53
・遠藤利彦『赤ちゃんの発達とアタッチメント　乳児保育で大切にしたいこと』ひとなる書房、2017年
・川田学『保育的発達論のはじまり』ひとなる書房、2019年

紙芝居がつなぐ人と人との関わり

■紙芝居の可能性

　保育者養成校の学生は、多くが実習の場面で紙芝居より絵本の読み聞かせを実施している現状があります。しかし、保育の現場で紙芝居を実演していないわけではなく、私が勤務する養成校の学生たちは実習時に行事や生活をテーマとした紙芝居を主に実演しています。紙芝居は、登場人物の台詞や心の動きを表現しながらストーリーが展開します。お芝居の要素があるため演じ方には技術が求められます。子どもたちの前で効果的に実演するためには、裏面にある作者の願いでもある「演習ノート」[*1]を参考に、下読みをしてから演じることが必要です。紙芝居は演じるものであり、作者の思いを演じ手の演技力に乗せて、子どもたちの心へ届ける日本独自の保育文化材です。

■長く親しまれてきた紙芝居

　紙芝居には保育室で保育教材として実演する「教育紙芝居」と、かつて路地や公園などで演じられた「街頭紙芝居」があります。街頭紙芝居の歴史は、明治時代の落語家が寄席芸で行った立ち絵から始まったとされますが、それは現在のペープサート[*2]に似たものでした。それが昭和になって1枚の絵に描かれるようになり、現在の紙芝居の形になりました。その後、無声映画の弁士が紙芝居屋のおじさんになったこともあり、お芝居の要素が濃くなったのではないかと考えられます。紙芝居屋のおじさんは、水アメや駄菓子を売って子どもたちを集めていました。紙芝居は、路地や公園のような自由な空間で駄菓子の味と共に、紙芝居屋のおじさんと子ども、子ども同士の心をつなぎました。
　『保育要領―幼児教育の手引き―』（1948年）[1)]では、紙芝居は幼児の一日の生活の流れの中で「集団遊び」や「自由遊び」の時間に行うものと記載されています。「幼児たちに集団行動の楽しさを味わわせ、協同及び自律の態度を養う」と説明があり、「この時間に、お話・レコード鑑賞・紙芝居・指人形芝居などをするのも一方法である」と紙芝居の当時の位置づけが示されています。
　このように紙芝居は、歴史的な歩みの中で人と人をつなぎ、大事にされてきました。

■養成校で重視して取り組んでいること

　私が勤務する養成校では、紙芝居をグループで創作させて演じる実践に取り組んでいます。子どもたちと掛け合いができるように脚本づくりから話し合い、絵の構図、抜き方、演じ方についても伝えて、紙芝居の特性を十分理解した上で作成していきます。その中でも、実演するときの「間」[*3]を演じ手と観客が一緒に味わう体験によって、コミュニケーションが生まれることに気づきます。紙芝居の特性について理解を深め、言葉のやりとりや「間」によって人

[*1] 市販されている印刷紙芝居の場合、通常、裏面下部に紙芝居を効果的に演じるための参考として、演習ノートが記されている。
[*2] 2枚の紙に絵を描き間に操作棒を挟んで貼り合わせて作る紙人形による劇。
[*3] 絵本が〝本〟であるとしたら、紙芝居は〝お芝居〟である。お芝居の場合、登場者同士の台詞や場面展開の際の「間」の取り方が重要になる。そんなところにも、紙芝居の味わいを感じることができる。

間対人間の触れ合いを味わう瞬間に読み手も観客も喜びを感じることができます。この取り組みは、紙芝居の特性を習得する機会となり、将来保育の現場で子どもたちと一緒に楽しい世界を共有することに生かせるものと期待しています。

▲紙芝居を創作して演じる実践にグループで取り組む。

■ **人間関係を育む紙芝居の意義**

　紙芝居舞台*4 を使用して紙芝居を演じるとき、演じ手は舞台の横に立ち、観客と向かい合うため、お互いの表情が見えてコミュニケーションが生まれます。また、紙芝居を抜く瞬間に次の話が観客の空間に飛び出していき、観客はその話の世界を演じ手と共感して味わいます。さらに、演じ手の問いかけに対して、観客が答えて話を進めていく場合もあり、子どもは演じ手との交流を味わうことができます。右手は「紙芝居は見ている子どもたちの中から、しぜんにあがる声も含めて、みんなが同じように感じあえる集団の理解である」[2]と紙芝居ならではの特性を述べています。また、紙芝居の演じ手と観客の間には「集中とコミュニケーションによって作品世界への共感が生まれる」[3]とも言われ、臨場感あふれる紙芝居の世界を演じ手と子ども、子ども同士で喜び楽しむことができることが紙芝居の魅力と言えます。

＊4 紙芝居舞台を使った実演の様子。（右写真）

引用・参考文献

1) 文部省『保育要領―幼児教育の手引き―』昭和22年度（試案）、1948年、p.42、p.44
2) 右手和子『紙芝居のはじまりはじまり〈紙芝居の上手な演じ方〉』童心社、1986年、p.13
3) 紙芝居文化の会『紙芝居百科』童心社、2017年、p.67
・まついのりこ『紙芝居の演じ方Q＆A』童心社、2006年
・鈴木常勝『紙芝居は楽しいぞ！』（岩波ジュニア新書563）、岩波書店、2007年

第7章 特別な配慮を必要とする子どもの人間関係

今日では、いわゆる発達障害をはじめ、特別な配慮を必要とする子どもが増えていると言われます。もしかしたら今でも、そのような子どもの保育に抵抗感を覚える向きもあるかもしれません。しかし、たとえその子に発達上の課題があったとしても、幼稚園や保育所等での集団生活を通じて、子ども同士、あるいは、保育者等と子どもとの関わりを通じて、少しずつ着実に人間関係が育まれていくことを理解しなければなりません。

7.1 特別な配慮を必要とする子どもと領域「人間関係」

（1）保育の場で出会う特別な配慮を必要とする子ども

幼稚園を対象とした調査では、障害や難病等の診断のある園児の人数は1園に平均2.4人、障害等の診断はなく保育者が保育を進める中で特別な配慮が必要と捉える子どもは1園に平均5.6人在籍していました[1]。ここから、障害等の診断の有無にかかわらず特別な配慮が必要と考えられる子どもは1クラスに1人以上は在籍していると推定されます。このような現状は保育所や認定こども園でも変わりないでしょう。保育者は、障害等の診断の有無にかかわらず特別な配慮を必要とする子どもが在籍していることを前提に保育にあたる必要があります。

特別な配慮を必要とする子どもは、保育を進める上で課題があるという意味で「気になる」子どもと表現されることがあります。保育者が「気になる」と感じる子どもには、発達上の問題、コミュニケーションの問題、落ち着きのなさ、乱暴な行動、情緒面での問題、自発的な行動や表現の乏しさ、集団への参加の困難さなど多様な課題があります[2]。乱暴で他児とトラブルが多かったり、集団とは異なる行動が繰り返されたりすると、保育者はどうしたらその子どもはみんなと同じことができるようになるのか、子どもが変わることを考えてしまいがちです。しかし、特別な配慮を必要とする子ども

が示す行動には必ず何らかの理由があり、混乱や不安を不適応行動によって表現している場合が多くあります。

> **事例 1　生き物が好き**
>
> Ｉ美ちゃん（4歳女児）は魚などの生き物が好きで自由遊びの時間はいつも玄関にある水槽を見ています。集団活動は最後に着席し、はじめは参加しますが、歌を歌ったりみんなで話し合ったりすると、ふらふらとクラスから出て玄関の水槽を眺めに行ってしまいます。

　事例1のＩ美ちゃんは自分勝手な行動をしているのでしょうか。Ｉ美ちゃんには聴覚の感覚過敏があります。そのため、集団活動の盛り上がりに伴って子どもたちが一斉に出す声は騒音にしか聞こえず、その中から保育者の声など大切な音に集中することはとても大変です。Ｉ美ちゃんが活動から離れ玄関で好きな刺激に集中しているとき、それは「自分勝手な行動」ではなく「うるさい環境（集団）からの避難」になります。感覚過敏はＩ美ちゃんの発達特性ですから簡単には変えることはできませんが、集団の中で過ごしながら人間関係を育んでいく必要があります。したがって考えなければならないことは、聴覚の感覚過敏があっても参加できるよう保育内容を変えることであり、Ｉ美ちゃんが心地よく感じられる活動を見つけ出し、多少は我慢してもよいと思えるよう活動を工夫することです。

　このように、表面的な不適応行動と改善すべきことは必ずしも一致していません。不適応を引き起こす要因を考え、領域「人間関係」で目指す発達にふさわしい経験ができるよう援助する必要があります。

（2）特別な配慮を必要とする子どもを理解する視点

　特別な配慮を必要とする子どもが示す行動の要因は、障害特性などその子どもが持つ個体特性だけが関係しているわけではありません。子どもの表面的姿の背景には、「個体特性」「保育内容」「物的環境」「保育者との関係」「他児との関係」「家庭での保護者との関わり」など様々な要因があります。また、どれか一つだけが関係しているのではなく、複数の要因が関係し要因と要因とが関連しあうことも少なくありません。

　認知の発達に偏りがあり、感情のコントロールが難しく他児とトラブルに

なりやすいA太くん（3歳男児）の例で考えてみましょう（事例2）。

> **事例2　オニごっこ**
>
>
>
> 　自由遊びの時間、園庭では3歳以上児の子どもがリレー、縄跳び、ボール遊び、ダンス、オニごっこなど思い思いに遊んでいます。A太くんはひとりで縄跳びをしていましたが、遊びと遊びの間を走り抜ける子どもを見てオニごっこをしていることに気づき、同じように逃げ出しました。オニごっこには途中から入る子どももいれば、他の遊びに移る子どももいます。
>
> 　A太くんは普段からオニにタッチされても逃げ続ける姿があり、特定の他児が不満をもらしていました。この日もA太くんはタッチされても逃げるのでその特定の他児から非難され、怒り出して泣き崩れてしまいました。それを見ていた数名の他児はオニごっこから別の遊びへと移っていきました。保育者がA太くんに理由を聞くと誰を追えばいいのかわからないと言っています。

　園庭での自由遊びでは3歳以上児の子どもが全員一緒に遊んでいます。また、リレー、縄跳び、ボール遊び、ダンス、オニごっこなど複数の遊びがあり、それぞれの遊びの出入りは自由で誰が遊びのメンバーなのかが曖昧です。加えて、遊びと遊びに明確な境界がなく、園庭の多くの場所を使っていますので遊ぶ範囲がわかりにくくなっています。A太くんは保育者に「誰を追えばいいのかわからない」と言っているので、オニごっこに参加している子どもを覚えられず、他児と同じように参加するのは難しいでしょう。A太くんはコ（逃げる役）として逃げ続けることで遊びに参加できています。しかし、他児はそのようには理解できず、役割交代をしないA太くんのことを「またルール違反をしている」と捉えてしまいます。一方、A太くんは自分なりに参加しているので非難されている理由がわかりません。ついには、A太くんがもともと持っている感情コントロールの苦手さが顕著に表れてしまいました。

　事例2を要因で整理すると、追うべき対象がわからない、感情のコントロールができないといったことは、A太くんがもともと持っている「個体特性」になります。領域が不明瞭な広い園庭は「物的環境」、オニとコの目印

のない遊び方や遊びごとに領域を設定しないのは「保育内容」、非難したり一緒に遊ばなくなったりする特定の他児は「他児との関係」と要因が複数あることがわかります。また、「物的環境」「他児との関係」が「個体特性」を引き出し、要因と要因とが関連しあって生じた事態です。A太くんが他児とのトラブルなく最後まで遊びを楽しめるように育むためには、これらすべての要因について必要なことは何かを考えなければなりません。このように、特別な配慮を必要とする子どもを理解する際には、不適応行動や仲間関係のトラブルの要因を多面的に捉え、保育施設での遊びや生活が豊かになるよう包括的に援助することが大切です。

7.2　特別な配慮を必要とする子どもの育ちを援助する

（1）領域「人間関係」の発達

　領域「人間関係」が目指す発達とはどのようなものか改めて確認すると、学校教育法第23条、保育所保育指針（2017年告示）の保育の目標、「就学前の子どもに関する教育、保育等の総合的な提供の推進に関する法律」（認定こども園法）第9条に示される目標には、若干の違いがありますが、「集団生活に喜んで参加する態度」「人権を大切にする心」「身近な人への信頼感」「自主・自立（自律）」「協同の精神・協調の態度」「規範意識・道徳性の芽生え」であることがわかります（表7-1）。ここでは、特に「集団生活に喜んで参加する態度」と「自主・自立（自律）」に注目して、特別な配慮を必要とする子どものこれらの育ちを援助する保育について考えていきましょう。

表7-1
領域「人間関係」に関わる教育・保育の目標
（幼稚園教育要領解説[3]、保育所保育指針解説[4]、幼保連携型認定こども園教育・保育要領解説[5]を参考に筆者作成）

学校教育法 第23条	二　集団生活を通じて、喜んでこれに参加する態度を養うとともに家族や身近な人への信頼感を深め、自主、自律及び協同の精神並びに規範意識の芽生えを養うこと。
保育所保育指針 保育の目標	（ウ）　人との関わりの中で、人に対する愛情と信頼感、そして人権を大切にする心を育てるとともに、自主、自立及び協調の態度を養い、道徳性の芽生えを培うこと。
認定こども園法 第9条	二　集団生活を通じて、喜んでこれに参加する態度を養うとともに家族や身近な人への信頼感を深め、自主、自律及び協同の精神並びに規範意識の芽生えを養うこと。

（2）集団生活に喜んで参加する態度を育む

　特別な配慮を必要とする子どもの多くは発達が全体的にゆっくりしている、あるいは偏りがあるなど、発達に課題があります。そのため、集団生活

に喜んで参加できない場合は、他児や集団がしていることに興味や関心を持つことができない、集団活動の内容がわからない、活動内容に必要なことができず楽しみが得られないといったことが背景にあると考えられます。また、集団で行う活動に関心があり仲間と一緒に楽しみたい気持ちがあっても、その子どもの発達に応じた援助がなければ、他児と同じように保育者の指示や活動内容を理解したり、やり遂げたりすることが難しく、楽しい、おもしろいと感じることができません。むしろこのような体験が続くと、うまくいかないという失敗感が大きくなります。事例2のように他児から非難を受けてしまうと失敗感はさらに大きくなり気持ちが不安定になります。

　失敗体験を繰り返した子どもの行動は、他のことが気になったり、防衛機制が働いて苦手な活動には参加せず動き回ったり、自分にもできる楽しいと感じられることだけに参加したりするなど二次的な問題に発展してしまう場合があります。このとき「多動である」「好きなことだけやる」と保育者が誤って捉え注意を頻繁にしてしまうと、これらの行動がさらに増え園生活全般に影響してしまうことから、失敗感を与えない保育を考える必要があります。

　これに関連して、目指すべき新しい時代の学校教育では特別な配慮の有無にかかわらずすべての子どもが一人ひとりの興味や関心等に応じて、その意欲を高めやりたいことを深められる学びを提供することが求められています[6]。これは乳幼児期も例外ではなく、この時期の学びにふさわしい個別最適な体験を提供するには「学習（体験）の個性化」と「指導の個別化」の2つの観点[7]から保育を考える必要があります。

「学習（体験）の個性化」[*1]とは、子どもの興味関心に合わせてその子どもに必要な発達が促されるよう援助することです。「指導の個別化」とは、一定の目標に向かってクラスの子どもが達成感を得られるよう援助する過程で、一人ひとりの特性やできるようになっていること、理解できていることを踏まえ、その子どもが意欲を持って取り組める方法や教材を複数用意して保育を進めることです。

「学習（体験）の個性化」「指導の個別化」とも、保育者が活動を通して特別な配慮を必要とする子どものどのような力を育てたいと願うのか「ねらい」を設定することが重要です。例えばハサミを使う製作活動について個別最適な学び（体験）から保育内容を考えると、「ねらい」は、「学習（体験）の個性化」の観点からは「ハサミのスキルを身に付ける」、「指導の個別化」の観点からは「形を切り抜き、表現を楽しむ」の2つが考えられます（図7-1）。

「学習（体験）の個性化」では「ハサミのスキルを身に付ける」ことは共通の「ねらい」ですが、切り絵や廃材遊びなど、どの遊びで身に付けるかは子どもの興味関心に基づいています。また、ハサミを操作する発達差に応じて

*1 学習指導要領で期待される個別最適な学びでは「学習の個性化」としているが、幼児期の学びは体験を通じて行われることから、ここでは「学習（体験）の個性化」と表記している。

図7-1
個別最適な学び（体験）と保育内容の例

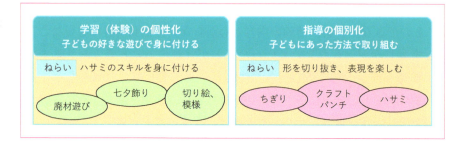

　製作物に難易度を設けることで、すべての子どもが同じように「やりたい」ことに向かって挑戦できるよう工夫します。一方、「指導の個別化」では自分の思うように「形を切り抜き、表現を楽しむ」ことを「ねらい」としていますが、道具はハサミに限らず手やクラフトパンチなどを使い、発達の個人差に応じて異なる方法で満足できるように工夫します。

　このように、「学習（体験）の個性化」「指導の個別化」のいずれであっても、クラスの子どもが全く同じものを作るということにはなりません。特別な配慮を必要とする子どもの多様性が認められ、一人ひとりが育ちの目標に向かって遊び込む保育内容によって、子どもは自己を十分に発揮し、それぞれのよさを認めあう協同性が芽生えることで、集団に喜んで参加する態度が育まれていきます。

（3）自主・自立（自律）の心を育む

　個別最適な学び（体験）を提供する保育を日常的に行うということは、特別な配慮が必要かどうかにかかわらず、一人ひとりの子どもが自ら育ちに向かっていく場を創造します。また、多様性を受け入れ子どもが挑戦する姿を尊重する保育者の思いはクラス集団の子どもに文化として根付いていきます。そのような環境で特別な配慮を必要とする子どもは保育者を心の拠り所としながら、他児とは同じようにできないことがあっても、環境に主体的に関わり、やり遂げようという気持ちを持って取り組むことができます。

　さらに、保育者は特別な配慮を必要とする子どもの自己選択、自己決定を保障しなければなりません。言葉の表出やコミュニケーションの発達に課題があり自分の考えを伝えることが難しい子どもであっても、内なる思いを聴き、言動を丁寧に見取り、子どもが自分の思いや考えによって行動できるよう援助していきます。同時に子どもの発達特性に応じて保育を工夫し、その子どもの力でやり遂げられるよう援助することも必要です。事例2のA太くんであれば、オニとコの役割交代のないルールを設定する、コの見分けがつくようにしっぽをつける、オニごっこの空間を白線で区別するといった工夫でA太くんは今ある力で他児と同じように遊びに参加できるようになります。このように主体的に取り組むことで特別な配慮を必要とする子どもなり

の自主・自立（自律）の心が育まれていきます。

7.3 特別な配慮を必要とする子どもの仲間関係を育てる

　感情的に反応しやすく、感情の制御が未熟な子どもは他児との関わりが難しい[8]ことや、他児から否定的評価を受けて孤立しやすい傾向にあることがわかっています。表7-2には社会性発達チェックリストの項目のうち典型発達児と「気になる」子どもの通過率の差が顕著である項目が示されています。ここから「気になる」子どもは「友だちと相談したり、妥協したりしながら一緒に遊ぶ」「ブランコなど自分から順番を待つ」などの通過率が低く、仲間と関わり協力しながら遊んだりすることに困難さがあることがわかります。また「いやなことをされても気持ちをおさえて『やめて』と言える」「かわいそうな話を聞くと悲しそうにする」の通過率の低さから、感情の抑制だけでなく、表出と共感に困難さがあることがわかります[9]。共感に弱さがあると、他者の感情に気づかず不適切な感情表出をしたり、「いじわるされている」と捉え攻撃的にふるまったりしてしまうことが予想されます。

表7-2　子ども同士の関係、感情における「気になる」子どもと典型発達児の通過率（％）の差が大きい項目
（本郷一夫、2018[7]を参考に筆者作成）

	項目	典型発達児 2歳	3歳	4歳	5歳	6歳	「気になる」子ども 2歳	3歳	4歳	5歳	6歳
子ども同士の関係	ブランコなど自分から順番を待つ	22.8	78.3	95.5	99.6	99.5	8.5	32.1	72.7	90.2	96.7
	自発的に他児に謝ることができる	23.1	48.9	88.1	95.8	99.5	10.6	17.9	58.2	83.6	86.7
	幼い子どもの世話ができる	4.8	23.8	61.5	89.8	93.8	0.0	10.7	36.4	63.9	86.7
	友だちと相談したり、妥協したりしながら一緒に遊ぶ	1.0	12.8	58.6	89.8	95.4	0.0	3.6	23.6	60.7	66.7
感情	いやなことをされても気持ちをおさえて「やめて」と言える	10.2	41.7	76.6	88.1	86.6	6.4	26.8	38.2	52.5	60.0
	かわいそうな話を聞くと悲しそうにする	10.9	28.1	60.2	89.1	90.7	8.5	14.3	38.2	60.7	76.7

　そこで、肯定的な仲間関係を育むために他者の感情を理解し、適切に感情を表出できるよう感情の発達を促す必要があります。特別な配慮を必要とする子どもの他児の感情理解の弱さに対しては他児の内面について知る機会が、感情表出の苦手さに対しては自身の内面について考える機会が必要です。保育者は、クラスのすべての子どもが感情や思いを語り合うことで、自身と他児の内面について気づき、場面や状況にふさわしい態度を考えられるよう援助することが大切です。例えば、飯島・宍戸[10]は感情が未分化で、

感情語獲得の発達過程にある子どもに対し色を用いた援助をしています。感情は必ずしも特定の色で表現されるとは限りませんが、事例3のように、子どもが選んだ色が表す感情、そして、その後子どもが新たに表現した感情やその強弱を保育者が言葉に置き換えて子どもに返すことで、子ども自身が抱いた感情と言葉が重なります。同時に、子どもが例えば「悔しい」「悲しい」と言ったときに生じる身体の感覚が豊かになることも期待できます。

*2 飯島・宍戸[10]をもとに筆者が再構成。この事例は、未分化な感情に意識を向け、より詳細な分類と言語的同定を目指していた。喜び、悲しみ、驚き、怒り、心地よい、不安の6つの分類から活動を始めた。そして、その6つでは分類できなくなると、新たな分類をしてその感情にふさわしい言葉をあてはめるように促した。その際、「たいへん」などの子どもの発言は、そのままそのときの感情を表すラベルとして認めた。

事例 3　気持ちを色で選ぶ *2

　F幼稚園3歳児クラスでは自由遊びの後に今の気持ちを色（例えば、「悲しい」は青、「怒り」は赤）で選び、今日の発表者はなぜその色を選んだのか話す活動をしていました。ある日、色水遊びを一緒にしていた3人がオレンジ、紫、黄色と異なる色を選択しました。そこで保育者が3人を今日の発表者に選び話を聞くと、「ジュースづくりがたいへんだった」（オレンジ）、「何色になるかわからないからびっくりした」（紫）、「いっぱい遊べて嬉しかった」（黄色）と別の感情を話しました。この話から保育者は、子どもたちが他者の感情について考えることをねらって「色水遊びを一緒にしていても、感じていることは違うね」とまとめました。すると子どもたちは他の子はどのように感じているのか気にするようになりました。

　また、この活動は喜怒哀楽といった基本的感情から始まり、繰り返していくうちに子どもが自身の内面の細かい違いを意識するようになると、色との対応関係が難しくなりました。そして、椅子取りゲームで負けて泣いている子どもに保育者が「悔しいんだね」と伝えると、他児が「先生、悔しいの色もいれよう」と提案したり、悲しみ（青）に対し「そんなに青くないから選べない」と伝えたりする子どもが出てきました。保育者はその都度、「悔しい」や「弱い悲しみ」についてクラスで話し合い、これらの色は紺（悔しい）と水色（弱い悲しみ）にすることを決めました。すると、子どもたちはそのときの気持ちに応じて紺や水色を選ぶようになりました。

　また、仲間関係への支援では関係調整も重要です。幼児は肯定的な感情が類似している子どもと遊び関係を形成しやすく、自分と似た特性を持つ子どもと仲良くなりやすい傾向があります[8]。そこで仲間と心地よい感情を共有

できるようにすることで仲間関係の構築を援助していきます。例えば、自由遊びではトラブルが生じやすいため、特別な配慮を必要としている子どもでも楽しめる、あるいは得意とすることを取り入れたルール遊びなど集団全体で取り組める活動を行い、どの子どもも「楽しい」「またやりたい」といった肯定的な感情を共有できるようにし、特別な配慮を必要とする子どもを含めた集団としての育ちを同時に援助していきます。

7.4 仲間と共に生きる中で育む人間関係

　事例1のⅠ美ちゃんのように感覚過敏のある子どもの中には、味覚や舌の触感が過敏で極度な偏食を持つ子どもがいます。家庭でも園でも食事に出る食材のほとんどを嫌がり全く口にしないため、生命の維持が心配になるほど深刻な場合もあります。入園当初は保育者が何とか食べさせようとあれこれ工夫しても頑なに拒否していた子どもが、仲のよい友だちができ集団生活を楽しむようになると、給食時間に仲のよい友だちの隣に座って過ごすうちに少しずつ同じものを食べるようになった事例があります。このように子どもは仲間と共に豊かな生活を創り上げていく中で、共に生きることの心地よさや楽しみを支えにしながら育っていきます。領域「人間関係」が目指す仲間との関わりを育むことは特別な配慮を必要とする子どものあらゆる発達援助の土台だと言えます。

　ここで注意すべきことは表面的な集団生活の成立を目指さず、共に生き「一緒に」という感覚を持つ集団を育てることです。例えば、みんなが集まる場面で、集団と楽しみを共有できない子どもが座っていられるよう好きな絵本を常に与えている場合、見かけ上は集団活動に参加していますが、他児や集団と同じ気持ちになって何かを見たり考えたりすることがないため共に生きる関係にはなっていません。他児が「自分たちとは別のことをする子ども」と枠を作ってしまうと、特別な配慮を必要とする子どもを異質なものとして捉え排他的になり、集団の一員と見なせなくなってしまいます。

　また、特別な配慮を必要とする子どもの中には、言葉や動作による相互交渉を苦手としている子どももいます。そのような子どもに他児と相互交渉しながら遊ぶことばかりを求めると、「一緒に」は「楽しくない」という思いが積み重なってしまいます。保育者は、特別な配慮を必要とする子どもの他者（対大人、対子ども）との関わりに必要な発達を捉え、たとえ相互交渉がなくとも「一緒に」という感覚の心地よさを味わえるよう育むことが大切です。同じ対象に関心を持ち共に生きる時間が少しずつ増えていくことで、特別な配慮を必要とする子どもを含めた「我々」（自分たちは仲間だという意識）が育っていきます。

引用・参考文献

1) 関東学院大学「特別な配慮を必要とする幼児を含む教育・保育の実践課題に関する実態調査」https://www.mext.go.jp/content/20200525-mxt_youji-000004222_10.pdf（2023年12月23日最終閲覧）
2) 久保山茂樹・齊藤由美子・西牧謙吾・當島茂登・藤井茂樹・滝川国芳「「気になる子ども」「気になる保護者」についての保育者の意識と対応に関する調査—幼稚園・保育所への機関支援で踏まえるべき視点の提言—」国立特別支援教育総合研究所研究紀要36：56-76, 2009
3) 文部科学省『幼稚園教育要領解説』フレーベル館、2018年
4) 厚生労働省編『保育所保育指針解説』フレーベル館、2018年
5) 内閣府・文部科学省・厚生労働省『幼保連携型認定こども園教育・保育要領解説』フレーベル館、2018年
6) 中央教育審議会「「令和の日本型学校教育」の構築を目指して〜全ての子供たちの可能性を引き出す,個別最適な学びと,協働的な学びの実現〜（答申）」https://www.mext.go.jp/content/20210126-mxt_syoto02-000012321_2-4.pdf（2023年12月23日最終閲覧）
7) 文部科学省初等中等教育局教育課程課「学習指導要領の趣旨の実現に向けた個別最適な学びと協働的な学びの一体的な充実に関する参考資料」https://www.mext.go.jp/content/210330-mxt_kyoiku01-000013731_09.pdf（2023年12月23日最終閲覧）
8) 遠藤俊彦編著『情動発達の理論と支援』金子書房、2021年、p83、p.86
9) 本郷一夫編著『「気になる」子どもの社会性発達の理解と支援：チェックリストを活用した保育の支援計画の立案』北大路書房、2018年、p.6
10) 飯島典子・宍戸佳央里「幼児の感情表現を援助する保育実践—色を用いた感情表現活動の実践—」宮城教育大学教職大学院紀要1：111-119, 2020

第8章 保育における多文化共生と人間関係

> 今や国際化に伴う保育の変革は、幼稚園や保育所などでも避けられない課題です。外国籍やいわゆる帰国子女と言われる子どもたちの受け入れも進んでいます。様々な文化背景を持つ子どもたちが園生活を共にするとき、一方の文化を他方に押し付けることなく、お互いの違いを認め合う寛容さを養う必要があります。海外の先進事例に学びながら、日本の保育現場をよりよいものにしていくことが求められます。

8.1 日本における多文化共生に向けた取り組み

（1）国際化が進んでいく日本

日本では国際化が進んでいます。日本に滞在する外国人が毎年増加傾向であった中、コロナ禍の影響を受けた2020年と2021年に減少を経験しましたが、その後も上昇し続け、2023年末の在留外国人数は341万992人（前年末比10.9％増加）で過去最高を更新しています[1]。2020年の総人口（1億2614万6千人）のうち日本人人口は1億2339万9千人（総人口の97.8％）で

図8-1
在留外国人数の推移[1]

図8-2
国籍・地域別在留外国人数の推移[1]
（上位8ヵ国・地域）

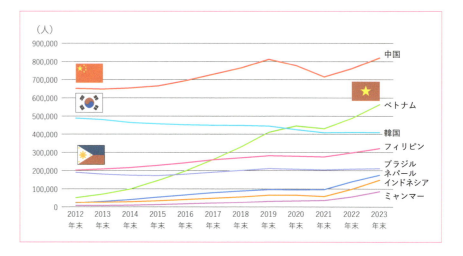

2015年と比べると、178万3千人減少（2015年から1.4％減、年平均0.29％減）しています[2]。これらの調査から、現在の傾向が継続し、日本人人口の減少と外国人人口の増加が進行する場合、日本居住者における外国人の比率が増加し続けるという現象が生じることが予測されます。

（2）保育現場に通う外国につながる子ども

2019年の調査では、1047の自治体のうち返答のあった市町村の約7割が「国籍にかかわらず外国にルーツのある子ども」を受け入れており、多くの幼稚園や保育所等に外国につながる子どもが在籍しています[3]。文部科学省が行った調査によると、群馬、愛知、滋賀などの異なる地域の267園（回答園の54％）に外国人幼児が在籍していました。特に東京（81.5％）、愛知（60.2％）、神奈川（55.6％）が高い割合を示しています[4]。

上記の調査結果によると、外国人人口の増加に伴い、全国の幼稚園や保育所等に在籍する外国につながる子どもたちの数と多様性が増しており、帰国子女を含む多文化共生のための迅速な対策が保育現場で必要とされています。

（3）日本の保育現場で求められること

外国につながる子どもたちが通う、または近い将来受け入れる可能性がある幼稚園や保育所等ではどのような対応が求められているのでしょうか。総務省の「多文化共生の推進に関する研究会報告書」では、地域における多文化共生を「国籍や民族などの異なる人々が、互いの文化的ちがいを認め合い、対等な関係を築こうとしながら、地域社会の構成員として共に生きていくこと」[5]と定義しています。そして、多文化共生を推進していくための重要な視点として「日本人住民も外国人住民も共に地域社会を支える主体であ

るという認識を持つことが大切である」[6]としており、社会を構成するすべての人が主体となることが求められています。

　幼稚園教育要領の第1章第5の2には、「海外から帰国した幼児や生活に必要な日本語の習得に困難のある幼児については、安心して自己を発揮できるよう配慮するなど個々の幼児の実態に応じ、指導内容や指導方法の工夫を組織的かつ計画的に行うものとする」[7]と述べられています。保育所保育指針では、「子どもの国籍や文化の違いを認め、互いに尊重する心を育てるようにすること」[8]と強調されており、要領・指針等でも外国につながる子どもへの支援の必要性が示されています。これらのことから、日本人住民も外国人住民も対等な立場であるという認識と、文化的な違いを尊重し、共に生活するための主体的な姿勢が、保育現場にも求められていることがわかります。

　日本の保育現場では外国につながる子どもたちを取り巻く環境を豊かにするために、いくつかの実践が行われています。これには、その子どものルーツにちなんだアイテムを展示する、その国の言葉で挨拶を交わす、そしてその国の文化的な行事を園全体で祝う活動等があります。これらの活動を通して、園全体で文化の多様性を認識し、尊重する気持ちを育むことが期待できるからです。保育者と保護者が一緒になって日本とは異なる文化、言語、慣習や行事を尊重し、お互いが日本語以外の言葉で挨拶することや文化行事を祝うことが日常的なものとなることで、子どもたちは自然と多文化共生への理解が深まります。つまり「日本語ではない言葉で挨拶をして、世界で行われている行事をお祝いすることが当たり前である」という意識を保育者、保護者、そして子どもが育むことです。これは、子どもたちが日本とは異なる文化を理解するだけでなく、様々な文化的背景を持つ人々と共に生きる社会を形成する上で基礎となる考え方です。このような取り組みを通じて、幼稚園や保育園などでは子どもたちに多様性を受け入れる心を育てる貴重な機会を提供することができます。

8.2　諸外国による多文化共生に向けた取り組み

(1) OECD、スウェーデン、ニュージーランドの保育

　幼児教育先進国と呼ばれる世界の保育現場では、多文化共生に対してどのように捉え、実行しているのでしょうか。OECD（経済協力開発機構）の見解と、スウェーデン、ニュージーランドの事例を見ていきましょう。

①OECD

　国際的な教育の政策、実践、研究を進めているOECDの教育部門の報告書では「子どもたちのニーズに合わせた質の高い幼児教育と保育（ECEC：Early Childhood Education and Care）は、社会経済的および文化的背景に関係なく、すべての子どもたちが発達し学習するための強力な機会を生み出すのに役立ちます」[9]と述べられています。子どもそれぞれのニーズに合わせた支援は、様々な理由により社会経済的に不利な立場にいる子どもや特別な支援を必要とする子ども、第一言語[*1]が異なる国や地域で保育や幼児教育を受ける子どもたちにとって有益であるという調査結果が増えてきています。すべての子どもにとって公平（Equity）で包括的（Inclusive）な質の高い保育や幼児教育とは、どのようなものでしょうか。ある子の言語や文化だけに注目するのではなく、クラス全体または園全体の子どもにとって健全に発達し学習していきやすい環境を作ること、そのための工夫やアイデアが今後ますます日本の保育にも求められています。

*1「第一言語」とは、ある人が生まれてから最初に触れて身に付けた言語。ほぼ「母語」（p80の脚注参照）と同じになるが、両親が異なる言語を使う家庭などで子どもが複数の言語を「母語」にする場合があるのに対して、「第一言語」はその人が最も得意な1つの言語である。

②スウェーデン

　教育の先進地域と名高い北欧に位置し、福祉の国として知られるスウェーデン。1〜5歳までの子どもたちが通う幼児教育カリキュラムでは、多文化、多様性に対して「就学前の児童は、児童または児童と関係のある人の性別、トランスジェンダーとしてのアイデンティティーや表現、民族的出身、宗教やその他の信念、障害、性的指向や年齢を理由に差別を受けてはなりません」[10]と書かれています。また、幼児教育施設は「社会的および文化的な集会の場（Meeting place）」[11]であり、異なる背景や文化に触れることで、他者の立場や価値観を理解し、共感する力の基礎を身に付けることができる場所であるとしています。つまりスウェーデンでは、性別や民族的出身など、それぞれ違いがあるということを前提にカリキュラムを考えていることがわかります。「みんなが同じであり、その中にみんなと違いのある子たちを受け入れる」という捉え方と、「みんなそれぞれ違いがあるので、お互いのことを知って学ぶ」という捉え方では保育者側の視点も変わるため、何を前提にカリキュラムを考えるかという視点は公平で包括的な質の高い保育を考える上でとても重要です。

③ニュージーランド

　イギリスとマオリの二文化共生をもとに多文化共生を掲げているニュージーランドでは、日本の幼稚園教育要領や保育所保育指針にあたるナショナル・カリキュラム（テ・ファーリキ）の冒頭に「私たち一人一人は共通点があり、且つ、それぞれ異なる存在です。幼児教育では、お互いのつながりを大切にしながら、その個性や違いを祝福します」[12]と明記しています。一人

一人とは子どもだけでなく保育者、保育に携わるすべての人を含んでおり、それぞれの違いを「祝福する」という視点から違いをポジティブに考える姿勢が見られます。また「すべての子どもたちが自分の健康と幸福を保護し促進し、学習の機会に公平にアクセスし、自分の言語、文化、アイデンティティーを認識し、そしてますます自分自身の生活において主体性を持つ権利を持っていることを認めます」13)とも書かれていることから、それぞれ違いのある子どもたちが自らの健康と幸福を大切にした上で、公平な学習の機会を得られる保育環境を目指していることがわかります。

（2）ニュージーランドの多文化共生保育に向けた取り組み

実際に多文化共生保育の取り組みとしてどんなことが行われているのでしょうか。多様なバックグラウンドを持つ子どもが共生するニュージーランドのテ・ファーリキと実践を見ていきましょう。

①相互理解のためのコミュニケーション

テ・ファーリキでは、インクルーシブ・カリキュラム*2 の実現のために物理的、社会的、概念的な3つの障壁があると説明しています。その1つである社会的障壁には「例えば参加を強要しないように」14)とあります。ニュージーランドの幼稚園や保育所等には、国籍、宗教、文化、慣習など様々なバックグラウンドを持つ子どもや保護者が通っているため、行事の内容によっては参加することに対して困惑したり不快に感じたりする保護者がいるかもしれないと想定して、普段から相互理解のための対話を心掛けることがよいとされています。保育者側に参加を強要しているつもりがなくても、ある保護者にとっては強要されたと感じ、自分の文化を理解してくれていないという不信感につながることもあると想定し、なぜその行事に参加してほしいのか、また、参加は任意であると伝わっているか確認するなど、コミュニケーションを図ることが有効であると考えられます。

*2 障害の有無、民族や言語等の文化的背景の違いなどにかかわらず、すべての子どもたちが共に成長できるように、包括的に計画・実施されるカリキュラム。

②ラングエッジウィーク

ラングエッジウィークは、ニュージーランドと関連の深い国や地域の言語や文化を子どもたちが身近に感じることができるよう、教育省が力を入れている取り組みです。公用語である英語、マオリ語、ニュージーランド手話の他、近隣の南太平洋諸島の言語や中国語などが取り上げられます。ラング

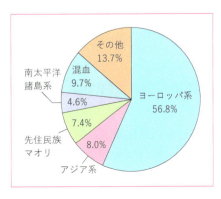

図8-3
ニュージーランド国民の民族構成
（国土交通省国土政策局「各国の国土政策の概要　ニュージーランド（2006年国勢調査）」より。https://www.mlit.go.jp/kokudokeikaku/international/spw/general/newzealand/index.html
2024年6月最終閲覧）

エッジウィークではそのときのテーマとなる言語や文化をよく知る子ども、保護者が先生になります。先生をする子は自分の言語や文化が園の中で受け入れられているという安心感を経験し、自信や自尊心につながります。また、他の子どもたちにとっては、生活を共にしている友だちが英語以外の言葉を話すという経験をして、自分の言語や文化に興味を持つ姿も見られます。このように子どもたちは、他者を受け入れたり、受け入れられたりする経験を重ねることで、他者を知り、違いを尊重するという社会性の基礎を身に着ける機会を得ています。

8.3　多文化共生保育に向けた保育者の意識

（1）保育者がモデルになる

　保育者は多文化共生保育を目指す上で、子どもや保護者の文化や言語に対する理解と関心を持つことが重要です。文部科学省[15]やOECD[16]の報告によると、保育者の意識や行動は子どもたちの安心感や発達に影響し、保育の質の向上に直結します。また、先に述べたニュージーランドのテ・ファーリキでは、すべての子どもの文化的及び言語的多様性を支援し、共生を促進するインクルーシブな環境の構築に責任を持つことが強調されています。保育者が、在籍している子どもや保護者の文化や言語に興味を持ち、「子どもたちと共に学んでいこう」という園やクラス環境を創り出すことが、多様性を尊重して共生していくインクルーシブな環境づくりに大きな影響を与えます[17]。

子どもの母語、アイデンティティー確立

　テ・ファーリキによると、保育者は2つの言語または複数の言語を話す子どもたちの言語的なサポートにおいて、言語とアイデンティティーの形成が密接に関連していることを理解する必要があります[18]。子どもが自身のアイデンティティーを確立する過程で、母語*3にあたる言語や文化とのつながりは重要であり、それらに誇りを持てるよう配慮することが子どもの健全な成長に不可欠であるという考え方です。

　バイリンガル教育の研究者である中島は2言語の到達度と知的発達への影響による分類を次の3つの型に分けています。2言語とも年齢相応のレベルまで達している「2言語（高度発達）型（バランス・バイリンガル／プロフィシエント・バイリンガル）」、1言語のみ年齢相応のレベルに達している「1言語（高度発達）型（ドミナント・バイリンガル／パーシャル・バイリンガル）」、そして2言語とも年齢相応のレベルに達していない「2言語低迷型（ダブル・リミテッド・バイリンガル／リミテッド・バイリンガル）」[19]

*3「母語」とは、幼少期に自然と身に付けた言語。通常、両親などの家族や住んでいる地域社会で最も耳にするもので、その人にとって最初の言語。両親の母語が異なる場合など、母語が複数になることもある。
　一方、「母国語」とは、その人が生まれた国や所属している国の言語。多くの場合「母語」と同じになるが、最初に覚えた言語（母語）が母国語と別になることもある。

です。

　中島は上記した３つの型による言語の到達度と知的発達への影響について以下のようにまとめています[20]。

　２言語のことばが高度に発達する場合は、２言語が互いに強め合って相乗効果があり、ことばの力が強まると同時に知能にも刺激を与えるので、知的発達にもプラスの影響があるということである。ところが、両方のことばが足を引っぱり合って、両言語とも伸び悩む場合は、ことばの力の上でもマイナスであるし、また知的発達から見ても明らかにマイナスになる。そして、ことばがどちらか１つだけ高度な場合は、知的発達とプラス、マイナスの関係は見られないというのである。

　以上のことから、アイデンティティーの確立と知的発達において、子どもが言語というツールを入り口として、世界を知り、自分の気持ちを表現し、物事を考えるようになることが重要な一歩になるということがわかります。そのための言語についてのサポートでは以下の点が有効だと考えられます。

ⅰ）家庭内では母国語の使用が奨励されるが、実際の家庭環境や個別の状況に合わせた柔軟な対応が必要である。そのため、保護者との相談を経て、コミュニケーション言語について共通の理解を形成する。

ⅱ）保育者や子どもが日本語以外の言語で挨拶や簡単なやりとりをするのが当たり前であり、幼稚園や保育所等でもその子が母語を話すことを肯定的に思い描けるような環境構成を目指す。

ⅲ）保育者や子どもがその国のことや文化のことを知っており、民族衣装や国旗等のその国や文化を象徴するものが部屋に飾られているなど、母語、母文化、母国に対して誇りを持てるような支援を目指す。

ⅳ）一方の文化を押し付けるのではなく、違いを知り、自分の持つ母語、文化に誇りを持ち、日本語を母語とする子どもたちも、母語、母文化、母国に対して誇りを持てるような支援を目指す。

（２）保護者の保育への参加を促す

　多文化共生保育には、保護者の保育への参加が極めて重要です。しかし、世界的に見ても多様性が高い幼稚園や保育所等では、保護者の保育参加率が低い傾向にあります[21]。子どもたちが自分とつながりのある言語や文化を学び、それぞれの違いを心地よく学ぶには、保護者の協力が不可欠です。ニュージーランドのラングエッジウィークの例のように、保護者が園を訪れて直接的に文化的な貢献をすることは、子ども自身のアイデンティティーの確

立、そして他の子どもたちにとって文化理解を深める機会になります。保育者は、保護者が安心して園に足を運び、自分の言語や文化を使い、園に文化的なアイテムを提供する等、主体的な保育への参加を促すことが重要です。保育者と保護者の信頼関係の構築が子どもたちの多文化への理解と共生を育む基盤となるからです。

（3）マイノリティーの同化ではなく共生を考える

多文化共生保育とは、外国とつながる子どもを対象にした保育、またその子たちを特別扱いするのではなく、インクルーシブな環境を整えながら、他児と同様に個別のニーズに合わせたサポートを実践していく保育のあり方や考え方ではないでしょうか。

インクルーシブな環境を整える上で、中島は「政治的にも経済的にも文化的にも力を持っていない、つまり社会的に劣勢であることばを母語とする子どもは、せっかく2言語に触れて育つ環境にありながら、結果として1つのことばしかできないモノリンガルになってしまう傾向が強い」[22]と、母語の社会的地位という視点を持つことの重要性を主張しています。残念ながら、外国とつながりを持つ子どもが幼稚園や保育所等で幼少期に自分とつながりのある言語と文化を尊重されて過ごせたとしても、将来的にその言語や文化を「周りのみんなは使っていない、恥ずかしいもの」と感じてしまい、マジョリティーに同化しようとする例が世界中で見られています。これまで見てきたように、母語とその文化は個人のアイデンティティーの確立や知的発達に大きな影響を与えるため、このような障壁をなくしていき、社会全体でインクルーシブな環境を作っていくことも重要な課題です。

引用・参考文献

1) 出入国在留管理庁「令和5年末現在における在留外国人数について」https://www.moj.go.jp/isa/content/001415139.pdf（2024年6月10日最終閲覧）
2) 総務省統計局「令和2年国勢調査」2021年、p31　https://www.stat.go.jp/data/kokusei/2020/kekka/pdf/outline_01.pdf（2023年12月26日最終閲覧）
3) 三菱UFJリサーチ＆コンサルティング「外国籍等の子どもへの保育に関する調査研究報告書」2021年、p.7　https://www.murc.jp/wp-content/uploads/2021/04/koukai_210426_16.pdf（2023年12月6日最終閲覧）
4) 文部科学省「外国人幼児の受入れにおける　現状と課題について」2018年、p.3　https://www.mext.go.jp/content/1422191_02.pdf（2023年12月2日最終閲覧）
5) 総務省「多文化共生の推進に関する研究会報告書」2006年、p.5　https://www.soumu.go.jp/kokusai/pdf/sonota_b5.pdf（2023年12月6日最終閲覧）
6) 同上
7) 文部科学省『幼稚園教育要領』2017年、p.10　https://www.mext.go.jp/content/1384661_3_2.pdf（2023年12月6日最終閲覧）
8) 厚生労働省『保育所保育指針〈平成29年告示〉』フレーベル館、2017年、p.11
9) OECD, Equity, diversity and inclusion in early childhood education and care, TALIS, OECD Publishing, Paris, 2023. p.3

https://www.oecd-ilibrary.org/docserver/72ab31c1-en.pdf?expires=1704354336&id=id&acc name=guest&checksum=B55DFD78A3FF53007A1C1326C505D486（2023年12月29日最終閲覧）
10）Swedish National Agency for Education, Curriculum for the Preschool, 2018, p.6
11）前掲書10）p.6
12）New Zealand Ministry of Education, Te Whariki. He whāriki mātuaranga mō ngā mokopuna o Aotearoa: Early Childhood Curriculum, 2017, p.8
13）前掲書12）p.12
14）前掲書12）p.13
15）文部科学省「外国人幼児等の受入れにおける配慮について」2020年、p.3
16）前掲書9）, p.11
17）前掲書12）p.59
18）前掲書12）p.12
19）中島和子『完全改訂版バイリンガル教育の方法』アルク、2016年、p.8
20）前掲書19）p.8
21）前掲書9）p.12
22）前掲書19）p.12

・若月芳浩『「インクルーシブな保育」導入のススメ：多様な子どもたちを受け入れるための心得』中央法規出版、2020年
・谷島直樹『ニュージーランドの保育園で働いてみた子ども主体・多文化共生・保育者のウェルビーイング体験記』ひとなる書房、2022年

第9章 保育者と保護者の人間関係

> 幼稚園や保育所等の主役が子どもだとしたら、保育者にはその主役たちの園生活を実り豊かにする責任があります。もちろんそれは保育者が一方的に子どもに奉仕するというより、自らの仕事に働きがいを感じて、喜びの中で行うものです。しかし同時に、子どもたちの豊かな園生活は、保育者と子どもの二者関係を超えて、保護者の理解があって初めて成り立つものです。保育者と保護者が互いの思いを理解して協力し合う関係が求められます。

9.1 保育者と保護者の人間関係を考える2つの視点

（1）保育所保育指針から考える保育者の役割

　保育者の役割や業務と聞いて何がまず思い浮かぶでしょうか。やはり、子どもにどのように関わり、向かい合うのかといった、子どもと直接関わることだと思います。しかし保育者の役割等は、それだけではありません。保育所保育指針を見てみましょう。
　2017年告示の保育所保育指針の第1章「総則」「1 保育所保育に関する基本原則」（1）「保育所の役割」において、「保育所は、入所する子どもを保育するとともに（中略）入所する子どもの保護者に対する支援（中略）を行う役割を担う」「保育所における保育士は（中略）専門的知識、技術及び判断をもって、子どもを保育するとともに、子どもの保護者に対する保育に関する指導を行うもの」[1]と示され、子どもへの保育とともに専門性に基づいた保護者への支援や指導が大きな役割であることが強調されています。

（2）保護者支援で求められる保育者の姿勢とは

　保育所保育指針の第4章「子育て支援」「1 保育所における子育て支援に関する基本事項」（1）「保育所の特性を生かした子育て支援」では、「保護

者の気持ちを受け止め、相互の信頼関係を基本に、保護者の自己決定を尊重する」「保護者が子どもの成長に気付き子育ての喜びを感じられるように努めること」[2]とされています。また「2 保育所を利用している保護者に対する子育て支援」（1）「保護者との相互理解」では、「子どもの日々の様子の伝達や収集、保育所保育の意図の説明などを通じて、保護者との相互理解を図る」「保育の活動に対する保護者の積極的な参加は、保護者の子育てを自ら実践する力の向上に寄与することから、これを促すこと」[2]と示されています。

ここで保育所保育指針に示された文言から、保護者に対する保育者の姿勢及び保護者との関係性を大まかに2つの視点にまとめてみたいと思います。

A 保育者がその専門性により、保護者を時に指導[*1]し、気持ちを受け止めて励ましていくという「伴走者」としての関係性。
B 保護者自身が潜在的に持つ、子どもを育てるための力が発揮されるようにしながら、時に保育への参加の機会を作り、共に子育てをしていく「協力者」としての関係性。

Aについては、常に子どもの発達についての見通しを持ち、さらに必要に応じて、各種関係機関と連携して問題に対処できる保育者という「専門職」だからこそ果たせる「伴走者」であると言えるでしょう。まさに保育者には「支援」や「指導」を行うことが求められます。

Bについては、子どもの育ちを願う点では、保育者も保護者もまさに同じ目的を持った協力者であると言えるでしょう。この点で、「協力者」とはどちらかからの一方的なものではなく、双方向的な関係です。どのように協力関係を作っていくのかということが求められます。

9.2 「伴走者」としての保育者

（1）保護者の不安や悩みに寄り添う

永野・岸本によると保護者支援・子育て支援とは、「子育てに困ったり、悩んだりしている保護者に対して保育者の専門性を生かした、相談、助言、保育指導を行うこと」「保護者の不安に対して寄り添いながら一緒に考える姿勢が大切」[3]とされています。これらはまさに「伴走」と言えるでしょう。

昨今、保護者を取り巻く社会情勢は日々変化をしています。少子高齢化などを背景に、かつての家庭や地域での多様な関わりやつながり、居場所を持つことが難しくなってきていると考えられます。また子育て世帯の貧困問題

[*1] 保育所保育指針でも「指導」という言葉が使われているが、それはけっして保育者が保護者に命令的に何かをせよ、あるいは、するなと上からものを言うことではない。保育者には子どもの育ちに関して専門的な理解や技術があるにしても、保護者の思いを受け止めて共感的に関わり、保護者の気持ちや行動を支えて、一緒に子どもを育んでいくという姿勢がなければならない。その意味で、保育の世界では、実際には「指導」と「支援」は、あまり区別しないで使われることが少なくない。

や児童虐待、子育てへの不寛容な態度など耳を塞ぎたくなる報道に触れる機会も多いです。一方、SNSをはじめ情報がどこからでも手に入る時代です。目の前の子どもの発達や育ちの様子と外からの情報とを比較してしまうこともあるでしょう。加えて保護者は自身が抱く、周囲からも期待される「理想の保護者像」とのギャップに思い悩むことがあるのではないでしょうか。

（2）保護者との信頼関係を築く

　保護者は様々な不安やストレスを抱えて、日々子どもに向き合っています。そんな保護者に「伴走」をしていく上では、保育者の専門性が発揮されるべきですが、それ以前に大切なことが保護者との信頼関係の構築だと考えられます。ここで筆者自身の保育現場での事例を見てみたいと思います。

> **事例1　保護者だって認められたい**
>
> 　お迎えの際、家での遊びのブーム、家庭での過ごし方が話題になる。
> 保護者　「全然、家のことできてないんですよ」「この子、勝手に遊んでいて、何しているんだか（笑）」とのこと。
> 保育者　「でもAちゃん（5歳）、お休みの日に遊んだこと、お出かけしたことをお話ししてくれますよ」「忙しい中で、お楽しみを計画して実行すること、すごいと思いますよ」と伝えると
> 保護者　「褒められることがないから嬉しいです」「どれだけ褒められても嬉しいですね」「もっと褒めてください」と少し目を潤ませながら笑って話している。

　事例1に登場する保護者とは、普段からよく会話をする関係でしたが、子どもの話題は多くても、保護者自身の思いや苦労までは迫れていませんでした。しかしこのときは、意図せず保護者の"自分は保護者として十分ではない"という思いが吐露されます。保育者もストレートに"十分やっているではないですか"という思いを伝えています。保護者にとっては親である以前に、日々の自分自身（の行い）を認めてもらえたことが、何より嬉しかったのではないでしょうか。

　永野・岸本は、「信頼関係を作るためには、保育者から保護者が『自分のことを大切にしてもらっている』『寄り添ってもらっている』『私のことを理解してくれている』と実感してもらうことが重要」[4]としています。当然、保育者の立場として、意識的に保護者のがんばりを認め、伝えることも重要

です。

　保育者は専門家である以前に、一人の人間として保護者と関わることが必要です。自分は保護者に対して必要なサービスを提供している、保護者はそれを受け止めればいい、といった割り切った感覚では、保育者は保護者と信頼関係を結ぶことはできません。保育者が専門職としての義務感だけで保護者と関わっては、両者の関係はやがて行き詰まることになると思います。この点は、次節の「『協力者』としての保育者」につなげたいと思います。

（3）保護者支援・子育て相談のあり方～事例を通して～

> **事例 2　保育者への相談場面**
>
> 　迎えの時間に会話をしている中で唐突に「うちの子大丈夫ですかね～。心配しているところがあるんですよ～」と話題を振ってくる。Bくん（5歳）はどちらかと言えばマイペースであり、興味のある事柄（製作活動やブロックなど）には熱中するが、一方で他の事柄に興味が広がりにくい部分もあり、小学校以降を見据えて不安を吐露した様子。
> 　保育者は、「1つの遊びに粘り強く取り組んでいく姿は素敵なことですよ」と伝えるとともに「ドッジボールなど他の遊びも最近では楽しくなってきていますよ」「その中で友だちとの関わりにも広がりが見られますよ」と伝える。
> 　すると保護者は「そうですか～。それならいいですけどね～」という反応。

①傾聴・受容・共感

　相談の中で垣間見える保護者の姿や思いは、不安やストレスの氷山の一角であるとも考えられます。だからこそ保護者の言葉の背景を想像することが、保育者には求められます。事例2で保護者は、就学が視野に入り不安を持っています。まずはじっくり話に耳を傾けた上で「就学に向けて心配になったのですね」と共感する言葉があってもよかったはずです。金森によると傾聴とは「相談者の話をしっかり聴こうという意思を持って聴くこと」、受容とは「肯定したり、否定したりせずに相談者の気持ちをありのままに受け止めること」、共感とは「相談者の気持ちを共に感じること」とされています[5]。

　また相談内容が保護者にとって切実なものと感じたからこそ、保育者は"何かしらの答えを出さなければならない"と焦るあまり、"次は何と言葉をかけよう""何かよいエピソードはなかったかな"と話を聞きながら頭をフル回転させていたのではないでしょうか。保護者と話をしていると"回答し

なければ"と焦るのですが、"あなたのことをしっかり考えていますよ"というメッセージを傾聴する姿勢として伝えることも大切です。

②保護者への助言

　保護者に助言するとき、どのような姿勢・配慮が求められるのでしょうか。保育者は、一般的な発達についての知識を持ち、個々の子どもの育ちを見取り、見通しを持てることなどの専門性を有しています。これは保育者の強みですが、一方で落とし穴にもなり得ることを自覚する必要があるでしょう。

　保育者は子どもを"担任した○○ちゃんに似ている""一般的に次はこんな遊びをする"など、あるパターンに当てはめて見通しを立てがちです。不思議と"○○ちゃんに似ている"とラベル付けすると、何となくその子をわかった気になりますが、その子を理解したわけではありません。保育者は自身の見方の偏りを自覚した上で、"人との関わりが難しい子""自分の世界を持っている子"などラベル付けすることなく、目の前の「その子」の変化や「その子」が何を楽しんでいるのかを日々捉え、保護者に伝えることが求められます。

　事例2でも、保育者は無意識のうちに遊びの発達像及び"5歳児とは一般的にこうなっていくだろう"ということを念頭に話しているような印象を受けます。そうではなく、Bくんの実際の姿から「ドッジボールの何を楽しんでいたのか」「遊びの中で具体的にどんなやりとりがあったのか」など、Bくんの生き生きした姿とその変化、背景を保護者に伝える言葉があったのではないでしょうか。そのためには、子どものことをしっかり見取り、時には遊びに参加して時間と場を共有することも必要でしょう。具体的な子どもの姿を伝えることで、保護者も保育者も子どもに対する思いを共有し、共感し合えます。子どもの姿を時におもしろがったり、喜び合ったり……そんな関わりの繰り返しが、保護者自身が子どもの変化に気づくきっかけになり、また保育者と保護者が共に子どもの育ちを見守る関係づくりにつながると考えます。

③保護者が自身の力に気づき発揮できるように

　保護者の相談に応じていくということは、保護者に答えを"授ける"のではなく、保護者が自分で解決していく道のりをサポートしていくものと考えることができます。大竹は、カウンセリングについて「主に言語的なコミュニケーションをとおして、相談者が自分と向き合い、自己探求することにより、自己理解し、自己洞察を深め、そして自ら選択し、自己決定していくプロセスを援助すること」[6]と定義しています。

　保育者との日常的なやりとりを通して、保護者は子どもについて理解を深めていきます。同時に、保育者はその専門性により、保護者を時に支援し、

励ましていくという「伴走者」としての関係性が求められます。

（4）気になる保護者の言動について

　保育者が保護者に寄り添い、保護者自身が持つ力を発揮できるように伴走していく立ち位置にいることについて確認をしてきました。一方で、相談という形で発信できる保護者ばかりでない、という点もまた事実です。特に、保護者が抱える不安やストレスが緊急性を要する場合には、その矛先が子どもに向かい、虐待に至ることがあります。その際、保育者が保護者の何かしらのサインに気づけることが、とても重要になってきます。変化に気づくという点では、普段の子ども及び保護者の様子を把握しておくことが重要になります。それは、述べてきた保護者支援・子育て支援にも共通の姿勢です。いくつかの重要なポイントを表9-1に挙げます。

見取る対象	見取るべきポイント
子ども自身	●怪我の仕方 内腿など体の内側や柔らかい部位に痣や傷はないか、通常転んだときにぶつけない場所に痣や傷はないか？ ●言動 表情は暗くないか、口調の変化はないか、過度に保育者に甘えることはないか？ ●給食の食べ方 貪るように食べていないか？
子ども周辺の環境	●持ち物 衣類やカバンのにおいはないか、予備の服は準備されているか、忘れ物は多くないか？ ●ロッカー きちんと整理されているか？
保護者	●表情や仕草に異常はないか、疲れていないか、子どもへの"当たり"はきつすぎないか？

表9-1
保育の中で虐待等に気づくポイント

　保護者が抱える不安やストレスが緊急性を要する場合には、当然保育者が個人で抱える必要はありません。子どもからの何らかのサインに気づいたときは、すぐに園長や主任、同僚と情報を共有すること、必要があれば児童相談所をはじめとした関係機関につなぐことも、大切な専門性です。その際、児童相談所虐待対応ダイヤル189（いちはやく）の存在を知っておくことも有益です。匿名性は守られますので、おかしいと思ったら園長等と相談の上で通報をすべきです。それが子どもを、保護者を守ることにつながります。

9.3 「協力者」としての保育者

（1）保護者と一緒に作る保育活動

前節では保護者に伴走する保育者の姿勢について考えてきました。この節では、保育者と保護者が協力して子どもを育んでいく手立てを考えていきます。

①保育参加

筆者がいた園では、保育参加[*2]という取り組みがありました。これは一定の期間内で保護者に都合をつけていただき、朝から昼食後の時間まで、保護者に保育者の役割になって、保育に参加していただく取り組みでした。園庭で力いっぱい遊んだり、子どもに絵本を読んだり、得意な折り紙を披露したり。「参観」ではなく「参加」していただくのがポイントでした。子どもたちにとっても"○○ちゃんのおとうさん・おかあさん"を知る機会、何より遊んでくれる大人が増えて楽しい機会であったと思います。

保育参加後には情報交換を兼ねて座談会を行いますが、保護者にとっても「（自分の子どもが）こんなふうに過ごしているんですね」「友だちとのやりとりや関係性を知ることができました」と家庭とは異なる子どもの姿に気づく機会であったと思います。また保護者からは「先生のあの歌、おもしろいですね」「いろいろな考えや配慮をもって、日々関わってくださっているのですね」などの言葉をいただくことも多く、保育参加の取り組みは、保育者自身の人となり及び保育者の意図や配慮についても知っていただく機会でした。

筆者がいた園では年間に1回の取り組みでしたが、年度当初に行うことで保護者との協力関係の構築につながる機会となっていました。保護者が積極的かつ主体的に保育に参加する機会をどのように作るのか、ここに保護者と協力して子どもを育てる関係づくりのポイントがあると考えます。

②保育園と家庭とで循環する取り組み

園での活動が家庭での取り組みにつながり、家庭での取り組みが園での活動につながるのも保育のおもしろさの一つであり、保護者とも共感し合えるポイントであると考えます。大がかりなことをしようと身構える必要はありません。家庭で親しんでいる歌を園でも歌ってみる、色紙の折り方を伝え合ったり、どんな絵本を読んでいるのかを紹介し合ったり、子どもにとって遊び・活動に園と家庭という区別はないと考えます。むしろ"お家でお父さんに聞いてみる""家で調べてもらった"と、活動が家庭で増幅し園でさらにパワーアップしていくことがあります。

取り組みやすい例として、行事での保護者参加場面が挙げられます。運動

[*2] 保育参観よりも一歩進んだ形態とされ、保護者の子ども理解や、保育活動や保育者の役割に関する理解が深まることが期待できる。さらに行事の際などに保護者が計画段階から関わる保育参画もある。

会にて、子どもたちには保護者の登場をサプライズにしておいて、一緒に驚かそうと計画することがありました。

> **事例 3　運動会本番演技のクライマックス**
>
> "くまちゃん"を探してリズム体操をしたり橋を渡ったり……と冒険（演技内で）をしてきた2歳児○○組のみんな。保育者が「あっち見て見て！　何かあるよ！」「みんなで行ってみよう‼」と声をかけるも、クライマックスでいつもはいるはずの"くまちゃん"がいない……。代わりに布で何かが隠されており、それを一気にめくるとおとうさん・おかあさんがくまちゃんを持って登場！　○○組の子どもたちは大歓声。保護者も嬉しそうに子を抱きしめる。

事例3では、保護者とも演技図を活用して計画を共有し、ある種の"共犯"関係で一緒に演技を完成させる楽しさがありました。共犯と言っても保育者側の存在感が大きいのですが、"どんなふうに驚くだろう"と一緒に活動を作っていく楽しみが保護者にもあったのではないでしょうか。一方、もっと保護者の参加度合いを高めることもできたのではないかとも反省します。やはり、姿勢としては"保護者を巻き込まなくては"ではなく、"どうすればもっとおもしろくできるだろうか""一緒に子どもを楽しませましょう"という、協力していく姿勢がよいのだと考えています。

保育者は、様々な場面で、保護者にはわが子とよい時間を過ごしたい、子どもの喜ぶ姿が見たいという強い気持ちがあることを感じます。日々の子育てに追われる保護者のたいへんさに共感しながらも、保育者は保護者のそのような潜在的な子どもへの思いやそれを実現する力を引き出していくことが求められます。この例では保育者は保護者が持ついたずら心に訴えました。ちょっとしたことかもしれませんが、このようなことは、子どもの喜びであることはもちろん、保護者自身の喜びにもなるのです。

（2）保護者と伝え合う手立て

保護者との協力関係に欠かせないのが、いかに保育活動や子どもの様子を伝え合っていくのかという点です。しかし現状として大豆生田は「保護者に

とって園の様子は見えにくく『ブラックボックス化』している」[7]と問題点を提起しています。また大豆生田は保護者に情報を伝えていく手段として、連絡帳やおたより、ドキュメンテーション[*3]を挙げ、ドキュメンテーションについて「子どもの学びとその保育過程が可視化され、保育者自身が子ども理解を深めることができる（中略）また、子ども・保育者・保護者・地域住民のそれぞれにおいて対話と共有を生み出」[8]せると述べています。

*3 ドキュメンテーションとは、写真などで子どもたちの活動の様子を視覚的に記録し保育者がコメントを付したもの。これにより保育者は、子どもたちの遊びがさらに充実するように自らの保育を振り返ることができる。また、保護者がこれを見ることで園の取り組みへの共感と理解を深めることが期待できる。

事例 4　ある日のお迎えの際の会話

保育者がドキュメンテーションを保育室の壁面に貼っていると保護者Cが「先生、遅い時間までがんばってますね」と声をかけてくれる。ドキュメンテーションは発表会に向けての取り組みの様子と保育者の意図を写真とコメントで視覚的に記録している。写真を指さしながら「この場面の歌のフレーズをDちゃんが考えてくれたんですよ」と保育者から説明をすると、「Dが歌を作ったって言っていたのは、そういうことだったんですね」と保護者Cが笑いながら話す。その後も、発表会に向けての会話が弾む。

視覚的に活動の様子が伝わると、事例4のように保護者との情報共有も行いやすく、また会話も弾みます。ドキュメンテーションをきっかけに何よりも子どもの姿について互いに理解が深まり、この後の子どもの姿や活動の展開を共に見守り、期待を持つ関係につながります。話題を共通化することで、些細な情報も伝え合いやすくなります。

またこれは結果的にですが、ドキュメンテーション（の製作）を通して、保護者に保育者側の工夫や思いを認める声をかけていただけたことはとても励みになりました。

(3) 子どもの育ちを支える協力者として

ここまで保護者と協力して保育を進めていくことについて、またその営みを支える情報共有の方法について考えてきました。保育者と保護者は信頼関係に基づき、共に子どもの育ちを支えていくべき協力関係を築く必要があります。同時に保育者は保護者を支え、子育てに伴走していく意味でも、信頼

関係を築かなければなりません。これは専門職として当然求められることです。しかし、10.2（2）でも触れましたが、職務及び義務感のみで関係を築くのでは保育者・保護者共にただストレスになることもあり得るでしょう。

大切なのは、単に保育サービスの提供者と享受者という関係にとどまらず、共に協力し合って子どもを育み、見守っていくという姿勢です。保育者は園で子どもたちと日々の生活を作ります。保護者との関係においても"次は子どもとどんな楽しいことをしていこうか"……そんな共通の目的意識を持って、アイデアを出し合い、情報交換し、協力し合っていく。その積み重ねが、子どもの充実した毎日の生活につながっていきます。子どもと保護者と、そして保育者が園での毎日を作っていくためには、保育者の保護者への「伴走者」としての役割、「協力者」としての役割が求められます。

引用・参考文献

1) 厚生労働省『保育所保育指針〈平成29年告示〉』フレーベル館、2017年、p.4
2) 同上、p.36
3) 永野典詞・岸本元気『保育士・幼稚園教諭のための保護者支援～保育ソーシャルワークで学ぶ相談支援［新版］』風鳴社、2016年、p.12
4) 同上、p.32
5) 金森三枝「保育相談支援の基本Ⅲ　信頼関係の形成　プライバシーの保護」大嶋恭二・金子恵美『保育相談支援』建帛社、2011年、pp.34-35
6) 大竹直子『やさしく学べる　保育カウンセリング』金子書房、2014年、p.8
7) 大豆生田啓友「家庭との連携と保育」日本保育学会編『保育学講座5　保育を支えるネットワーク―支援と連携』東京大学出版会、2016年、p.36
8) 同上、p.38

保育所という制度にたくす夢

■課題とは何だろう

　認可保育所で何年か勤めた後に、自分で保育所を作ることにしました。当時の認可保育所では、対応することの難しい保育ニーズがいくつもありました。だから、「認可外保育所」を作ることにしました。そのために、保護者との「直接契約」による保育、小規模で0歳からの異年齢の「暮らし」を基本とした保育、そして、保護者と対峙するのではなく保護者と一緒になって行える保育、それを実現したいと思いました。

　当時、東京都では硬直化した社会保障制度の改革として、東京都単独事業による東京都認証保育所制度を成立させた矢先でした。この認可外保育所の制度は、直接契約、13時間開所、小規模でも開園でき、何よりも民間事業者の参入を促す制度でした。保護者のニーズは様々です。私たちは、子どもが育っていくことを原点にして、その保護者のニーズを一緒になって満たしていく、ウッディキッズという名の東京都認証保育所を始めました。

　そこで表れてくる保護者のニーズは様々です。「言葉が遅いような気がして」「離乳食、なかなか上手に作れなくって」「夜泣きがひどくって」などの保護者たちの言葉の背景には、本当はもっともっと深い課題が隠れていることに気がつきます。子どものことを語りながら、本当は「私のことを語りたい」という関係の希薄さに気がついていきます。経済資本の発展の影には、人と人との関係資本の枯渇が見え隠れするのです。

　課題とはなんだろうか。保護者そのものが持つ課題とは、実は社会そのものが持つ課題なのです。保護者や、子どもの個体としての課題ではない。私たちの持つ、社会のイデオロギーがその課題を作り出し、そして関係の希薄さによって課題は問題化する。母として、父として、子どもとして、個として自立することを求めるような社会が、依存する関係を否定し、個々の子育てに還元させることで、より関係資本を脆弱にする。よい親、当たり前の家庭、そんなイデオロギーが苦しさを作っていることに気がつきます。課題として語る私たちの社会そのものが、課題を新たに作り出しているという矛盾に落ち込んでいるように思えます。

■待機児童はいない～子ども減少の社会へ～

　2023年4月、東京都では国に先駆けて「多様な他者との関わりの機会の創設事業」を制度化しました。目的には「保護者の就労等の有無にかかわらず、保育所、幼稚園、認定こども園等（以下「保育所等」という。）を利用していない未就園児を保育所等で定期的に預かり、多様な他者との関わりの中での様々な体験や経験を通じて、非認知能力[*1]の向上等、子供の健やかな成長を図ることを目的とする。併せて、支援が必要な家庭を新たなサービスにつなぎ、継続的に支援することにより、在宅子育て家庭の孤立防止や育児不安軽減等、子育て支援の充実を図ることを目的とする」と明記されています。（東京都通知4福保子保第4943号）。

　都市部を中心に「待機児童解消」を目的とした保育所の量の拡充は、保育所を急速に増加させました。隣同士の敷地や、ビルの1階、2階に違う法人の保育所ができたり、商業施設であ

[*1] 知的な技能や知識（認知能力）以外のスキル。コミュニケーション能力、忍耐力、適応力など。

れ、公園であれ、大学であれ、官庁や議員会館であれ、建てられるところであればどこでも建てるような、そんな勢いで保育所は増加しました。

　そんな中、予想をはるかに超えて出生数は減少していきます。ここでは、その原因を書くことについては遠慮をしておきますが、保育所が増えた頃には、子どもの数がすでに減少に入っていることは事実です。実際に、幼稚園でも、保育所でも、認定こども園でも、その種別を問わず、定員割れが多くの園で起こっています。その結果、閉園したり統合したりする現実も見られるようになりました。

■変わる保育所〜待機児童解消から機能変換へ〜

　先述した東京都の施策のように、就労する保護者のための保育の補完の機能から、すでに保育所は脱皮をしなくてはならない。それは、子どもにとっても、保護者にとっても関係資本を豊かにする場として機能し、その結果、子どもが育ち保護者が子育てしやすい、すなわち、暮らしやすい地域社会を作ることになるのだと思います。

　量の拡充により満たされた保育所は、今、その機能を変換させ誰でもが利用でき、誰でもがくつろげる、そんな場に変化していくべきだと思うのです。園を潰してはならない。新たなニーズに活用していく。私の園でも、園舎に隣接させ「ウッディカフェ　よっちゃんち」という建物を建てました。全額、借金ですけれど。

　そこでは、パンを焼きたいお母さんたちがパン屋をし、そのパンのいくつかは、子ども食堂として毎日、数組の親子が無料で食べに来て、パンを買いに来たおじさんもおばさんも建物に上がり込んで、一緒に空間を共有しています。コーヒーやお茶もあります。駄菓子も売っていますから、学校を終えた小学生たちも集まってきてゲームをしたり、宿題をしたりしています。時々、保護者と保育者で「保育酒場　5領域」というのが開催されます。一杯やりながら、子どもの話、保育の話で盛り上がるのです[*2]。「洗濯したいね」の一声で、コインランドリーも設置しました。みんな、来たくて来ているので、楽しそうな空間です。まだまだ保育所は、社会資源として活用される能力をいっぱい持っているのです。私たちは保育所という制度に、夢を語っていきたいのです。

[*2] 多くの保育の現場では、行事の後などに協力してくれた保護者と保育者が、反省会などと称して会食を行っている。もう少し日常的にそのような場を設ける園もあるが、参加者に飲食を強制するものではない。

第10章 保育者の感情労働と人間関係

> 保育界で憂うべき事案として不適切保育の問題があります。乳幼児にも当然に人権はあるわけですし、そのようなものはけっして認められません。しかしその背景には、保育者の不足、厳しい労働の実態があります。そして、特に人を相手として自らの感情をコントロールすることが強く求められる労働の特性があります。その中で、よりよい保育を行うためには、保育者同士の人間関係の有り様もまた、見直す必要があるのです。

10.1　保育と感情労働

(1) 保育における「感情」

　最初に、「感情」が保育者にとってどういうものかを考えてみましょう。例えば、2017年の保育所保育指針[1]等の改正の際に新しく示された「幼児期の終わりまでに育ってほしい姿」（通称10の姿）を見てみると、そこには「充実感をもって」「達成感を味わい」「自分の気持ちを調整し」「相手の気持ちを考えて関わり、自分が役に立つ喜びを感じ」「心を通わせる中で」など、子どもの気持ちや感情に関連する表現が多くあることに気がつきます。

　このことは言うまでもなく、「子どもが生涯にわたる人間形成にとって極めて重要な時期に、その生活時間の大半を過ごす場である」保育所での生活の中で、子どもたちが知的な活動だけでなく、まさに、心情・意欲・態度を育むことを目的としているためであると言えます。

　その目的のために、保育者には、子どもたち一人ひとりの発達や個性に配慮しながら「子どもが安心感と信頼感をもって活動できるよう、子どもの主体としての思いや願いを受け止め」、「子どもが自発的・意欲的に関われるような環境を構成し、子どもの主体的な活動や子ども相互の関わりを大切にすること」が求められています（以上、「」内は保育所保育指針から抜粋）。

　「子どもが安心感と信頼感をもって活動できるよう、子どもの主体としての

思いや願いを受け止め」るために、保育者は、子どもたちに対して受容的、応答的に関わることが求められます。すなわち、保育者は、子どもにとって、安心と期待、柔らかい応答などのメッセージを届けてくれる「心理―期待環境」*1（人的環境）として位置づけられているのです[2]。

では、そのときの保育者自身の感情状態に目を向けてみましょう。かわいい子どもたちとの関わりの中で喜びにあふれ、穏やかに関わっていることもあれば、保育者だって人間です、家族が病気になるなどプライベートで不安を抱えたり、保護者から理不尽な言いがかりをつけられてイライラしてしまったり、あるいは仕事で失敗して落ち込んでいたり……日々の保育の中では保育者自身も様々な感情を体験していると考えられます。それでも、ひとたび保育の場に立てば、子どもたちや保護者と関わるときに、自分の感情をコントロールして、保育者として適切に関わることが求められるのです。

*1 汐見稔幸によって提示された環境のジャンルの1つ。汐見は、人間の育ちに関わる実践にとって環境が極めて大きな役割を担うとしてそれを4つのジャンル、自然環境、自然―人工環境、情報環境、心理―期待環境に分けて説明する。その中で「心理―期待環境」は、人と人との相互作用が作り出す環境であり、人間関係という環境といってもよいとする。

（2）感情労働とはなにか

感情労働とは、「仕事をしていく中で、働く人が自分や他者の感情を捉えつつそれを評価し、その評価に対して最も適切な反応や感情表現を選ぶように求められる仕事や職業のこと」を指します[3]。上述のように、保育者も子どもや保護者、あるいは同じ園の先生方との人間関係の中で、その時々で求められる感情を表出したり、その場面にふさわしくない感情を隠したりするところがあり、保育という仕事にも感情労働という側面があると考えられます。建築現場などで自らの身体を使って働くのが肉体労働、オフィスワークで自らのアイデアや知識を使って働くのが頭脳労働というのに対して、自らの感情をコントロールすることで働くのが感情労働という表現もできると思います。

この感情労働という考え方を最初に提唱したホックシールド*2によると、感情労働とは、①対面や声による顧客とのコミュニケーションが欠かせず、②相手の感情面に何らかの変化をもたらすことが求められ、③研修やマネジメントによって労働者の感情状態がある程度管理されていることの3点が含まれている労働であるとされています[4]。

*2 アーリー・ラッセル・ホックシールド（Arlie Russell Hochschild）。1940年-。アメリカの社会学者。感情社会学の研究領域を切り開いた。

（3）感情労働と関連する用語

感情労働と関連する用語として、以下のようなものがあります。[4,5,6]
①**感情**：怒り、悲しみ、喜び、恐怖、嫌悪のような基本的感情と自己意識の発達とともに現れる羞恥や罪悪感のような二次的感情に分けられます。また、似た表現に、短時間の強い反応を指す「情動（emotion）」や、持続時間が長く強度の低い反応をさす「気分（mood）」の他、ほぼ同義で用い

られてきた情緒や情感（feeling）などがあります。

②**感情制御**：感情労働は、労働の場面での感情のコントロールを意味しますが、私たちは労働場面以外にも、日常の様々な場面で自らの感情を意図的に強めたり弱めたり、他の感情に変えたり維持したりしています。そうした感情のコントロール全般を感情制御と言います。

③**感情規則（表示規則）**：ある特定の場面において求められる感情の表出に関する規則のことを言います。例えば、葬儀の場面で笑ってはいけない、保護者会の場面で感情的に怒ってはいけないなど、その社会において共有される規範として学習されるものです。

④**表層演技**：感情を表出するときに、感情をその場において望ましいものに表面的に変えることです。実際には抱いていない感情をあるように見せる「偽装」と、本当は感じている感情を隠す「隠蔽」といった側面があります。

⑤**深層演技**：その場で表出すべき感情を実際に自分自身も本当に感じるようにする試みであり、自らの中に特定の（必要な）感情を作り出すことです。

⑥**役割**：職場における「保育者」、家庭における「母親」「妻」「父親」「夫」など、社会生活の中で私たちが有している社会的な地位や属性について、その社会から求められている行動様式です。特に、その人「個人」というよりは、その人の立つ「立場」に求められ、期待されるものであるという点が重要です。

⑦**フォーマル構造／インフォーマル構造**：社会や集団という、一定の目的を共有した人間の集まりには特定の構造が形づくられ、フォーマル構造とインフォーマル構造の2つを同時に併せ持つものとされています。フォーマル構造とは、組織体の中で地位・役割構造が形成されるものです。例えば会社組織のように、部、課といった組織上の単位とそこに位置づく部長、課長といった職位や地位が存在し、それぞれの職位や地位にはどのような行動をなすべきかという役割が定められるものです。一方、インフォーマル構造とは、例えば、職場の上司と部下という間柄でも、仕事上のつながりを超えた仲のよい関係や集団が作られるように、人間同士の好悪関係や信頼感などの心理的関係によって、メンバー同士の結びつきが自発的に形成されるものです。

10.2　保育という仕事の構造と感情

（1）保育という仕事の構造

保育という仕事の構造を上記の用語で説明したものが図10-1となります。保育者として働く「私」は、保育園という職場では「保育者」としての役割

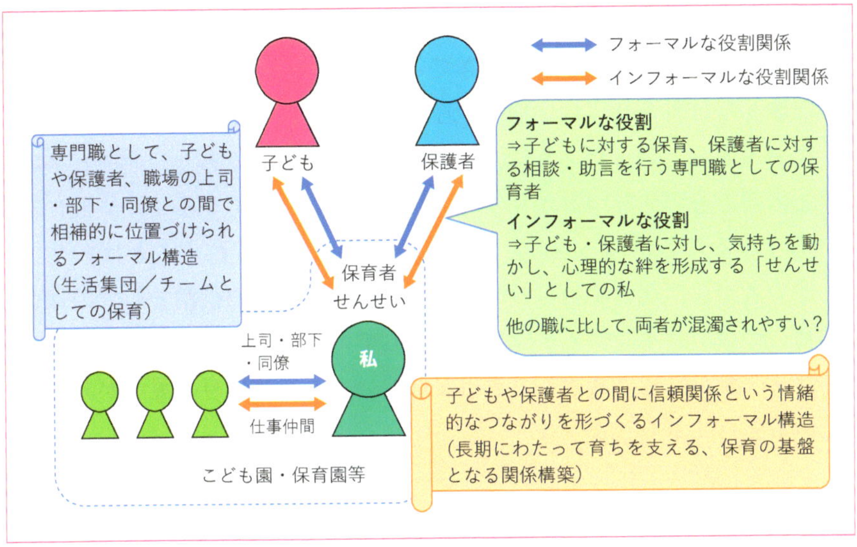

図 10-1 保育という仕事の構造

を求められます。この役割は、子どもや保護者、あるいは職場の上司・部下・同僚との間で相補的に位置づけられるものであり、フォーマル構造を形成しています。

　一方、本章の冒頭でも確認した通り、保育者は、子どもにとって、健やかに育つための重要な人的環境であり、子どもに対して、安心と期待、柔らかい応答などのメッセージを届けることが役割となります。この点に関する保護者や社会全体の期待は、もはや説明するまでもないでしょう。しかし、こうした情緒的なつながりは、他の多くの仕事では、本来的に業務上の役割にはなかったはずのものです。保育者の仕事は、信頼関係といった心理的でインフォーマルな関係にもとづく構造を基盤に持ち、いわばフォーマルとインフォーマルの両者が混在している点が大きな特徴だと言えます。

　初期の感情労働の研究では、航空機のキャビン・アテンダントやホテリエなどが研究対象とされてきましたが、これらの職業は明確にフォーマル構造に位置づいており、お客さんと個人的な心理的つながり（親密な関係）を持つことは、（そのように「見せる／演技する」ことは必要かもしれませんが）業務に含まれていません。

　しかし、保育者をはじめとして学校の教員や社会福祉施設の職員などの対人援助職の特徴は、サービスの授け手と受け手が時間的に長期にわたって関係を作るという特徴があります。保育者の場合それに加えて、泣いたり笑ったり、ちょっとしたことで駄々をこねたりして、あたかも感情の塊のように見える幼い子どもとの間に心理的な絆を形づくることが求められています。すなわち他の仕事ではインフォーマルであったはずの、サービスの授け手の「せんせい」（私）と受け手の「子ども」の関係（信頼関係）が業務として明文化されている（フォーマル構造化されている）とも言えるのです。

　保育という仕事は、長らくその専門性が一般に認められにくい傾向にあ

り、また、その専門性についても、「愛情深さ」や「優しさ」、「勘やコツ」といった感覚的な表現で語られてきていました。一般に医者や弁護士のような専門職と呼ばれる仕事は、病気や怪我を治療し、裁判で主張が認められるように弁護するといったように、その職務範囲が明確であり、サービスの受け手との間で心理的なつながりまで求められることはありません。仮に結果的にそうなることがあったとしても、本来的に求められることはありません。保育者が専門職と認められにくかったのは、社会的役割としての保育者の業務について、インフォーマル構造としての子どもとの信頼関係構築を含めてフォーマル構造と認めざるを得ないという、業務内容の混濁があったためであると言えるでしょう。

（2）保育における感情労働とは

　このような職業的役割に２つの構造が混濁している状況は、「いつも明るく元気な保育者」という社会的にステレオタイプな感情制御を、容易にフォーマル構造として、保育者である「私」のインフォーマルな部分にまで要請します。そして、個人的な認識として「明るく元気」でいられない「私」を、フォーマル構造の視点で「保育者としての専門性の欠落」と意味づけることにもなりやすいと考えられます。

　諏訪[7]は、感情労働から保育をみる意義として、１）保育者が子どもや保護者、同僚とかかわる中で抱く感情を、率直に見つめ語ることができること、２）「感情労働」に付随する「感情演技」「表層演技」「深層演技」「ネガティヴな感情」「ポジティヴな感情」などの言葉を用いることによって、保育実践の見つめなおし方も変わってくることの２点を挙げています。このことは、保育という仕事の構造に内在するフォーマル構造とインフォーマル構造の混濁について、まず感情が個人的なものであることを改めて位置づけるとともに、フォーマル構造である保育者の役割の中にも「感情制御」が求められていることを踏まえた上で、両者を感情労働の用語を活用しながら明確に切り分けることが可能であるとの指摘だと理解できます。

10.3　不適切保育から感情労働を考える

（1）現実に起こった不適切保育の事例

　以下は2022（令和４）年11月に発覚した私立保育園１歳児クラスで、担当していた６人のうち３人の保育士が行った不適切保育の実例です[8]。このような不適切保育に対し、「感情労働」という考え方、あるいは先に紹介し

た感情労働の用語で考えてみると、どのようなことが言えるでしょうか。

不適切保育の実例

「泣いている姿を携帯電話で撮影する」
「頭をバインダーでたたいて泣かせる」
「足をつかみ、宙づりにする」「腕を引っ張り、『遅いんだよ』と怒鳴る」
「寝かしつけた園児に『御臨終です』と何度も発言する」
「泣かない園児の額をたたき、無理やり泣かせようとする」
「怒鳴りつけ、頬をつねる」
「にらみつけ、声を荒らげ、ズボンを無理やりおろす」
「真っ暗な排泄室に放置する」
「『ブス』『デブ』などの容姿に関する暴言を浴びせる」
「手足口病の症状のある園児の尻を他の園児に触らせる」
「給食を食べない園児の頭を突然後ろからたたく」「玩具倉庫に閉じ込める」
「カッターナイフを見せて脅す」「丸めたゴザで頭をたたく」

（2）不適切保育を感情労働の用語で考えてみる

　まず、上記の不適切保育の事例について、感情労働の用語で考えてみた2つの例を挙げてみましょう。

A：子どもを怒鳴りつけたり、たたいたりする暴力行為は断じて許されない行為であり、自分のイライラなどのネガティヴな感情を抑制せずに表出しているのは感情労働ができていない証拠だ。深層演技ができないのであれば、表層演技をして子どもに笑顔を見せながら保育をする必要がある。

B：子どもを怒鳴りつけたり、たたいたりする暴力行為は断じて許されない行為であるにもかかわらず、なぜこの保育士たちは感情の制御や演技をせず、自分のイライラなどのネガティヴな感情をそのまま表出してしまったのだろうか。言い換えれば、なぜ感情規則が守られなかったのだろうか。

　上記のAとBはいずれも不適切保育が許されないものであり、保育者の専門性としても論外であることを前提とし、先に紹介した感情労働の用語を用いている点で共通しています。しかし、Aは「感情労働を行うべき」という結論になっているのに対し、Bはこの問題について感情労働の用語を使ってさらなる「問い」を立てようとする点に違いがあります。

（3）「感情労働」の用語で問いを立てることの重要性

　この違いに目を向けたとき、実は「感情労働の用語で考える」ことだけで新たに保育の専門性に関する思索や議論ができるわけではなく、感情労働の用語を用いて、保育者自身の感情状態や心理的な認知処理プロセスについて目を向け、問いを立てることの方が重要であることが指摘できると思います。先の諏訪も、保育実践を振り返る際に、「『あるべき保育者の姿』を前提に振り返るのと、『演じている保育者の姿』に立って振り返るのとでは、かなり様相は異なってくる」と述べており、あるべき像に立ってそうなれない自分には保育者としての資質が欠けていると思うのではなく、感情労働の用語を用いることで、自らの行為を自ら感情の流れに沿って振り返ることが容易になる可能性について指摘しています[7]。

　上記のAは感情労働の用語を用いてはいますが結局は、「保育者は感情を抑えて明るくふるまう演技をすべき」という「あるべき像」を呈示することで終わってしまっています。その意味では、そこに感情労働の用語を使っているものの、「感情労働の用語で振り返る」ことにはなっていません。しかし、Bは、「感情労働」の用語を使って、保育者として求められる感情制御がなされなかったことについて「問い」を立てています。それは、不適切保育を行った保育者の心理的な感情制御のプロセスそのものに対する「なぜ」という問いなのです。

10.4　保育者の専門性としての「省察」と人間関係

（1）反省的実践家という保育者の専門性

　保育者が自分自身の感情や気持ちに目を向け、客観的にそれを捉えようとする姿勢は、ショーン[*3]の提唱する「反省的実践家」にも通じます[9]。反省的実践家とは、現場で実践を行う中、あるいはその実践の後で、自分の行為そのものについて振り返り洞察を行うことを重視し、その洞察や振り返りを日々の実践において繰り返していくことで、自ら学び専門性を高めていくとする考え方です。

　保育者が自分の保育について振り返る際に、そのときの子どもの感情はどうであったかだけでなく、自分がそのときどのような感情であったかを含めて振り返ることで、子どもに共感できていたか、気持ちの上でも支えることができていたのかを吟味することができると考える立場とも言えます。

　そのとき、「保育者は自己の感情を省察し、専門性を高めるべきだ」と言ってしまうと、上記のAのような「あるべき保育者像」に留まってしまいか

---

*3 ドナルド・アラン・ショーン（Donald Alan Schön）。1930-1997年。アメリカの哲学者。反省的（省察的）実践の概念を提唱し、教師や医師等の現場で活動する実践家に関して新しい専門家モデルを提示した。

ねません。なぜなら、ショーンの言う「反省的実践家」とは、状況との対話をするとともに、自己とも対話をしつつ、省察し続けるところにその実践家としての特質があり、まさに、「なぜ？」と「問い」を立て、「考え続ける」ことが大事だと言えるのです。

(2) チーム保育の重要性と対人感情制御

　一方で、自分一人で自分のことを「考え続ける」ことは心理的にも大きな負担となりかねません。特に、うまくいかないことを自分のせいにしがちな人は、自分を責めてしまい心理的にもすり減ってしまいかねないでしょう。また、仕事でやるべきことが多く忙しいと感じていたり、子どもにうまく対応できていないと感じていたりすること、さらには、職場の人間関係や保護者対応が、保育者に大きなストレスを与えることを多くの研究が示しています。同時に、そうした保育者のストレス反応やバーンアウト[*4]の予防には、職場の内外からのサポートが重要であることも示されています。なにより、保育は一人の保育者と子どもたちとの関係だけで進められるものではありません。一人で担任を持っていたとしても、その保育は園の保育計画の下で進められるものであり、園長をはじめとした園の保育者たちのチームワークに支えられながら進められるものであるのです。

　特に近年の感情制御の研究では、感情制御を個人の内的なプロセスとして扱うにとどまらず、他者との相互作用の中で展開されることに着目する「対人的感情制御」という観点が注目されています[4]。これはまさに、保育者が子どもをあやすことが日常よく見られるように、他者との関係性の中で感情が制御されることに着目した観点です。この観点に立てば、保育者は子どもの感情制御を行う存在であるというだけでなく、保護者や園の同僚の感情を制御することもあり、さらには、保育者自身の感情も子どもや保護者、同僚との関係の中で制御されていると考えることもできます。先の不適切保育の事例においても、事件について通報があってから保護者会や世間への公表まで4ヵ月もかかっており、その間に園長がこの事件を隠そうとしたことが疑われていましたが[8]、そのような管理体制の園において、対人的感情制御が十分に機能しない中で、不適切な保育が生じ、維持し続けられていたのかもしれません。

*4 燃え尽き症候群。熱心に仕事をしていた人が、期待通りの結果が得られずに感じる徒労感や疲労感。自分の役割を生真面目に遂行しようとする人や、職場環境の支援が少ない人が陥りやすい。

(3) チーム保育としての人間関係と職場環境整備の重要性

　そのように考えると、自らの保育実践の振り返りもまた、園の保育者たちのチームという職場の人間関係の中で進めることが求められます。中坪は、保育者の専門性を高める園内研修のあり方として、（1）同僚同士がチーム

で学び合うこと、（2）「感情共有と自己開示の場」としてデザインすること、（3）「コミュニケーションを促す場」としてデザインすることという3つの視座を提起しています[10]。ここで「感情共有と自己開示の場」というのは、保育実践の振り返りについて、映像記録を共に鑑賞しながら、映像の中の保育者に自分を投影することで、当事者の視点で子どもに共感したり、自分の保育を振り返ったりしつつ、共に自らの感情を表出して語り合う場として位置づけられています。また、園内研修という改まった場ではなくても、世間話や子どもや保育について語り合う日常的な雑談が共有と共感の喜びという効果をもたらし保育者のストレスを軽減することも明らかにされています[11]。

　このように考えると、チーム保育を実践するためには、子どもの最善の利益のための「保育のねらい」と計画を共有し、相互に細かなコミュニケーションを取ることを通じて相互の対人的感情制御をも行うことが求められていると言えるでしょう。それは、保育を感情労働であると考えたとしても、けっして「子どものために一人で我慢して笑顔を作る」ことが専門性なのではなく、チームとしての保育者の対人的感情制御を園全体でマネジメントしていく視点が欠かせないことを意味します。そしてその園全体のマネジメントは、園長をはじめとした管理職の責務であり、また、それらを統括する市や県、国家レベルの保育行政の課題でもあると言えるでしょう。昨今、保育者不足とともに保育者の労働条件の議論も盛んに進められていますが、それは、本章で述べたような保育者の専門性を担保するための問題であることも改めて認識しておきたいと思います。

引用・参考文献

1) 厚生労働省『保育所保育指針〈平成29年告示〉』フレーベル館、2017年
2) 塩野谷斉・木村歩美編『子どもの育ちと環境―現場からの10の提言』ひとなる書房、2008年、p.243
3) Guy, M.E. Thinking globally about the public service work experience. In M.E. Guys, S.H. Mastracci, & S.B. Yang (Eds.), The Palgrave Handbook of Global Perspectives on Emotional Labor in Public Service. Palgrave Macmillan. 25-50, 2019.
4) 関谷大輝「感情労働と感情制御」有光興記監修、飯田沙依亜・榊原良太・手塚洋介編『感情制御ハンドブック』北大路書房、2022年、pp.317-325
5) 子安増生・丹野義彦・箱田裕司監修『有斐閣現代心理学辞典』有斐閣、2021年
6) 日本社会心理学会編『社会心理学事典』丸善、2009年
7) 諏訪きぬ監修、戸田有一・中坪史典・高橋真由美・上月智晴編著『保育における感情労働：保育者の専門性を考える視点として』北大路書房、2011年
8) 木村隆志「裾野・保育園1歳児「虐待」あまりに酷い5つの問題　15例の不適切行動の背景には一体何があるのか」東洋経済オンライン　2022年12月2日　https://toyokeizai.net/articles/-/637108（2023年12月閲覧）
9) ドナルド・ショーン著、佐藤学・秋田喜代美訳『専門家の知恵』ゆみる出版、2001年
10) 中坪史典「保育者の専門性を高める園内研修―多様な感情交流の場のデザイン」発達No134、ミネルヴァ書房：46-52, 2013.
11) 岸本直美・藤桂「保育所における雑談が保育士のストレス反応に及ぼす影響」心理学研究 91(1): 12-22, 2020.

第11章 保育における地域社会との関わり

> 保育活動を実り豊かなものにするためには、保育者と保護者の協力だけでは十分でないかもしれません。地域社会の人々の理解と協力もまた、よりよい保育実践につながります。例えば、子どもの声を騒音と感じる近隣住民もありますが、様々な特技を持つ人々が、園の行事のときに心強い味方となることがあります。保育者には、園を取り巻く地域社会の人々との関わりを上手に作っていくことも求められるのです。

11.1 地域社会における園の役割

　幼稚園・保育所・こども園は、地域の子どもの健やかな育ちを支援する施設としての役割はもちろんのこと、子どもと地域社会とをつなぐ場としての側面もあります。幼稚園・保育所・こども園等の施設は、どのような地域社会との関わりがあるのでしょうか。また、関わりの中で、保育者は地域の方との関わりをどのようにとりもっていけばよいのでしょうか。また、子どもたちには、どのような育ちが芽生えていくのでしょうか。本章では、園と地域との関わりの具体的なイメージが持てるよう筆者が勤務している智頭町立ちづ保育園[*1]でのいくつかの事例を紹介します。園と地域社会との関わりの理解を深めていきましょう。

[*1] 智頭町は鳥取県東部の山間部に位置する町。総人口は6257人（2024年1月1日現在）。地元の智頭杉をふんだんに用いた園舎が特徴の保育園。

（1）園の近隣住民との関わり

　保育活動を行っていくにあたり、近隣住民の方の園への理解は大変重要です。子どもたちの声や送迎の車のドアの開け閉めといった騒音に関する問題は後を絶ちません。園は近隣住民の方とコミュニケーションを図り、円滑な関係を築いていくことが近年ではより求められています。一方で、子どもたちにとっては、近隣住民は園を中心と考えた場合、身近で接する機会が多い存在です。子どもたちと近隣住民の方とのコミュニケーションからどのよう

なことが見えてくるのか、保育者はどのような関わりが望ましいか、事例1で解説します。

> **事例1　お散歩で出会う近隣の方**
>
> 入園して1ヵ月、暖かくなってきたこともあり、1歳児クラスの子どもたちが散歩カーに乗って園外に出かけました。風も心地よく、通りすがりの車やトラックを指さして喜んだり、保育者から道端に咲いているタンポポを摘んで渡してもらい嬉しそうに握ったりしていました。そこで、ウォーキングをしている近隣住民の方と出会いました。そのときは、挨拶だけ交わして終わりましたが、また別の日の同じ時間帯で出会ったときに思い切って「こんにちは、今日は暖かいですね」と声をかけてみました。すると「何歳なの？」「かわいいね」「今日もお散歩？」と会話も弾み、子どもたちも「バイバイ」と手を振っていました。互いに顔なじみになり、子どもたちを見守っていただいている安心感がありました。

　事例1では、近隣住民の方と接する機会が増えるにつれ、子どもたちは、家族や保育者とは違った第三者の大人に対して、安心してコミュニケーションをとる姿が見受けられます。また、保育者も近隣住民に見守ってもらっていると安心感を抱いています。このときに保育者の関わりで重要なことは、近隣住民の方と応答的な関わりをすることです。コミュニケーションを図るきっかけを作ることで子どもたちの人との関わりの世界が広がるのです。

（2）地域の高齢者の方との関わり

　多くの園で子どもたちが地域に出向く行事の一つとして、高齢者施設の利用者との交流事業があります。一緒に伝統遊び（お手玉やカルタ等）をしたり、季節のイベント（七夕祭り会やクリスマス会等）を楽しんだりします。核家族の園児にとっては、普段接する機会がない高齢者の方と関わることができ、違った考え方を得る機会となります。高齢者の方にとっても、子どもから活力や刺激を得ることができ双方にとって世代間交流はとても意義があるものです。事例2では、地域のひとり暮らしの高齢者の方と園児の絵ハガキのやりとりの実践を、事例3では手紙のやりとりをした高齢者の方々との

クリスマス会の様子を紹介します。

> **事例 2　暑中見舞いの絵ハガキのやりとり**
>
> 「みんなはハガキって知っていますか？」と保育者が尋ねると「知ってる！」「お手紙でしょ？」と反応は様々。「そうそう！　今日はね、みんなでハガキに絵や文字を書いて地域のお年寄りの方に送ってみよう」と話をしました。夏の時期だったので、暑中見舞いを送ることにしました。「夏といえばなんだろう？」と考え、かき氷やスイカ、花火、夏にちなんだ絵本の一場面など子どもたちは思い思いに絵を描きました。そして、最後に一文を添えました。そのときに、最初は「お元気ですか？」や「元気でね」といった言葉が多く出ましたが、「絵ハガキの送り先は一人で暮らしているおじいさん、おばあさんで、みんなはどんなことが伝えたい？」と再度確認すると、「暑いから気をつけてね」と健康に配慮する言葉や「かき氷は冷たくてキーンってしたよ」など自分の体験や気持ちを率直に表現する言葉が出てきました。後日、絵ハガキの返事が返ってきて、子どもたちはとても満足そうでした。
>
>

　本園のこの絵ハガキの暑中見舞いの取り組みは、以前から智頭町社会福祉協議会と協働で行っているものです。町内に居住する70歳以上でひとり暮らしの方を対象としています。

　絵ハガキを書いて誰かに送るという経験は、今日の子どもたちにとってめったにない機会です。誰かに届くというドキドキ・ワクワクの期待感を子どもたちから感じました。暑中見舞いということで「夏」というテーマがあったことも子どもたちがイメージを持ちやすくよかったと思います。自分が好きなもの、楽しかった体験を絵で表現することができました。この取り組みで興味深かったことは、子どもたちの文章でした。送り先の高齢者の方について想像を巡らせて考えを深めていくことで、子どもたちの文章もより具体的になっていきました。1月には冬の絵ハガキを作りました。

> **事例 3　クリスマス会での交流**
>
> 「みんなが楽しみにしていたクリスマス会だよ。バスに乗っていこう」と伝えると、予め作っていたクリスマス帽子を手にとり、颯爽と行く準備をする子どもたち。この日は、暑中見舞いの絵ハガキを送った地域のひとり暮らしの高齢者の方々とのクリスマス会があり、バスに乗って会場となる高齢者施設に向かいました。会場に着くと、高齢者の方々が拍手で迎え入れてくださいました。子どもたちも踊りを披露しました。
>
> その後、大きなケーキを取り分け配っていると「こっちのケーキの方が大きいから交換しようか？」と声をかけてくださったり、ジャンケンや手遊びなどをしてくださったりと子どもたちとの交流を楽しまれている姿が多く見られました。最後に、手作りのプレゼントもいただき、ハイタッチをして会場から出ました。バスに乗って帰る際、会場の窓から手を振ってくださる高齢者の方々を見て、子どもたちも大きく手を振り返していました。

▲踊りを披露した子どもたち

　暑中見舞いの絵ハガキの取り組みを経て、クリスマス会で実際に高齢者の方々と交流した事例です。会場に着いてからは、少し恥ずかしそうにしていた子どもたちでしたが、高齢者の方との交流の中で、緊張もほぐれ、お話をしたり、甘えてみたりと楽しんでいました。世代間で交流することで、子どもたちの声を地域に届けることができます。地域とつながる活動はとても重要となっています。

（3）地域の行事に参加し、地域とつながる

　幼稚園・保育所・こども園には、地域から祭りの参加依頼が来ることがあります。神社や寺が主催の祭りをはじめ、地域おこしのための市民祭り、七夕祭りや桜祭りなど季節に関する祭りなど様々です。また、地域で行われる地区運動会や敬老会などの行事の参加依頼が来ることもあります。事例4では、地域の鉄道会社から依頼を受けて園児が出演した花笠踊りを、事例5では、地域の商工会が主催した祭りに参加した様子を紹介します。

事例 4　駅のリニューアル記念イベントに参加して

　智頭町にある鉄道を運営する智頭急行株式会社から駅のリニューアル10周年記念イベントへの出演依頼があり、駅舎の色の桃色にちなんで花笠を用意し花笠踊りの計画を立てました。出演依頼書を各家庭に配布し、花笠踊りは誕生会の出し物で発表したものを活用し慣れ親しんだ踊りにしました。当日は記念イベント会場の駅の隣の駅に集合し、子どもたちは列車に乗って会場入りをしました。線路は山沿いにあり、窓から保育園や知っている場所が見え興味津々の子どもたち。自分たちの住んでいる町の普段とは違った景色に心躍るようでした。イベント会場では、保護者の方をはじめとして地域の方々などたくさんのお客さんが来られており、緊張していた子どもたちでしたが、曲が流れ出すと楽しそうな表情で踊っていました。大勢の前で踊ったのは初めてでしたが、やり切った子どもたちの表情は自信にあふれたものでした。

▲子どもたちが出演したリニューアル10周年記念イベントが行われた智頭急行・恋山形駅（智頭急行株式会社提供）

事例 5　地域の祭りに参加して

　毎年、秋頃に開催される地域の商工会が主催の祭り「来んさい！見んさい！踊りん祭!!」にちづ保育園からは、年長児がよさこい踊りの演目で参加しています。子どもたちは「年長さんになったらよさこい踊りをするんだ！」という小さい頃からの憧れもあり、保護者の方にとっても晴れ舞台を楽しみにされているイベントの一つです。初夏の頃からこつこつと取り組み、「お客さんに見てもらうんだ！」「ここでピッと手を伸ばすんだ」とやる気満々です。友だちと見せ合いっこをしたり、園内で発表したり、地域のお寺の祭りで披露したりと経験も積み、子どもたちの自信も高まりました。当日は、のびのびと楽しみながら踊ることができ、子どもたちをはじめ、保護者の方、地域の方のたくさんの笑顔が見られました。

子どもたちにとって園内では、なかなか味わうことのできない達成感を経験することができた2つの事例と言えます。同時に、保護者にとっても子どもたちの成長を感じる機会となったと思われます。そして、地域とのつながりはもちろんのこと、地域活性化という面でも、子どもたちの出演によって、祭りの集客の一役を担うことができています。子どもたちにとっても地域にとっても相互利益の関係性が見えてきます（図11-1）。

図11-1
子どもと地域社会の相互利益の関係性

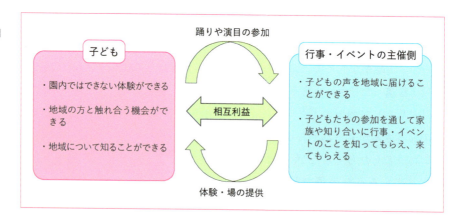

11.2　地域資源を保育に活かす

　子どもと地域社会との関わりを考えるにあたって、まず対象となる地域を知ることから始めましょう。例えば、自然が豊かな地域であるならば、保育活動の中で自然との触れ合いを十分に楽しむことを保育計画に盛り込むことができます[1]。園の近くに図書館やお店などがあるのであれば、実際に公共施設を利用したり、野菜などの買い物をして調理して食べたりする経験を保障することができます。また、木工業に携わる方に依頼して子どもたち向けの木材を扱ったワークショップ等の機会を作ることができるかもしれません。そういった地域に存在する地域資源を把握することで、子どもと地域がつながるポイントが明確化され資源を活かすことができます。本節では、地域資源の一つである人的環境に焦点をあて、事例6では食育活動を、事例7では製作活動の取り組みを紹介します。

事例 6 　春巻きを作ろう

　冬のクッキングでは子どもたちで具材を決めてオリジナル春巻きを作りました。グループ内で話し合い材料を決める際には、エビやチーズなど様々な材料が挙がってきました。買うものを決め張り切って買い物に行く子どもたち。店舗に入る前に子どもたちに代金を渡し、目的の材料を手に取りレジへ持っていきました。支払いの際はドキドキしていた様子でしたが、お店の方から品物を袋に入れて渡してもらったときは、まるでひと仕事をし終えた満足そうな表情でした。お店の方も子どもたちが品物を探すのを温かく見守ってくださり「どこにあるかな？」など子どもたちの気持ちが盛り上がるような声かけをしてくださいました。翌日に買った材料で春巻きを作り、美味しそうに食べる子どもたち。「おかわり！」と春巻きを探すも、自分の分しか作っていなかったので当然おかわりもなく、少し残念そうでしたが、「買い物に行くのも作るのも楽しかったけど大変だったよね。いっぱい食べることができるのって素敵なことだね」と伝えると、すっと納得した様子が印象的でした。

▲レジで支払いをする子どもたち　　▲子どもたちが作った春巻き

《お店の方からひと言》
　子どもたちが店に来て買い物を経験するのはよいと思う。商店街も賑わうし嬉しいね。

　多くの園で食育の一環でクッキングの活動を取り入れています。事例6は、子どもたちがクッキングに必要な材料を話し合い、実際に地域のお店に出向き材料を購入し調理した取り組みです。ここで特筆すべき点は、常に子どもたち自身がその気になって前向きに取り組む活動であることを大切にしているところです。そして、お店の方との触れ合いが、より現実的な体験となり、食に関する気づきや学びにつながっています。

> ### 事例 7　土器を作ってみよう
>
> 　智頭町には鳥取県内最大の縄文遺跡・智頭枕田遺跡があり、智頭町埋蔵文化財センターには町内で出土した土器等の考古資料が多数保管・展示されています[2]。センターでは、専門職員の方による土器づくりや土器接合、勾玉づくりなど様々な体験学習をすることができ、今回は年中児クラスが土器づくり体験をしました。工程が進んでいくと作りたい土器の形がより明確になり、様々な形の土器を作り上げていました。また、「これはクッキー入れにする」と家でどんな風に使うか楽しみにしている子どもたちの姿が印象的でした。
>
>
>
> ▲土器づくり体験の様子
>
> 《専門職員の方からひと言》
> 　子どもたちが楽しそうに土器づくりを体験してくれて嬉しかったです。土器に触れ、実際に作り、そして土器を生活の中で道具として使うことで、昔の人も自分たちと同じように日常的に道具を使って生活をしていたということを子どもたちも感じてくれたら……、それが遠い昔のどこかの誰かという存在から、この地域に生きる私たちに結び付き、地域の歴史への興味・関心の土台になると思っています。

　土器づくり体験は、保育者の力では難しく、専門家の方の技術がなければ成り立たない活動です。子どもたちにとって貴重な体験となったことでしょう。また、子どもたちは楽しみながら自分たちの住んでいる地域の歴史について知るきっかけとなる経験をすることができました[*2]。
　地域にどのような地域資源があるかを把握し、資源を活かすために人と人とを結び、子どもたちの成長や学びにつながる協働的な取り組みができるようにしていくことで保育活動がより豊かになっていくのです。

*2　その後、焼き上がった土器は、智頭町総合センターで2週間ほど展示された。この様子は、2024年2月28日、NHKのローカルニュース、BSS山陰放送や日本海テレビのニュースで紹介された[3]。

本章では、地域社会における園の役割と地域資源を活かした保育の事例を紹介しました。他にも中学生・高校生が職場体験で来園して子どもと関わったり、世代間交流として園児の祖父母を招いて餅つきや笹巻を作ったりと、全国各地で様々な取り組みがされています。自分の住んでいる町や興味がある地域の取り組みなど調べてみるとよいでしょう。

　一方でイベントや行事の参加が多くなることで、日常の保育に影響が出ることも考えられます。子どもたちにとって何を体験し、どういった学びや気づきにしていきたいのかを保育者が明確に持っておく必要があります。日々の保育という土台があってこそ、地域との関わりから子どもの豊かな育ちへとつながっていくのです。

引用・参考文献

1) 塩野谷斉編著『保育における地域環境活用の意義と実践』古今社、2023年、p.33
2) 智頭町教育委員会『智頭枕田遺跡　縄文土器の世界』2006年
3) 日テレニュース「地元の歴史を知ろう！　園児たちが粘土を使って縄文土器作り『町内にある遺跡が遠い存在ではなく近づくのでは』鳥取県智頭町」
 https://news.ntv.co.jp/category/society/nk83ab03c7370d4fbeb603886f80fdb835（2024年8月9日最終閲覧）
・智頭町社会福祉協議会「地域福祉活動・ボランティア」
 http://chizushakyo.jp/service/community/01.html　（2024年1月4日最終閲覧）
・一般社団法人マツリズム「調査レポート　祭に対する意識調査」
 https://prtimes.jp/main/html/rd/p/000000015.000023777.html（2024年1月5日最終閲覧）

第12章 幼保小連携・接続と子どもの人間関係

> 子どもの人間関係は、在籍する幼稚園や保育所等の中だけ、せいぜい近隣の地域社会の大人との関係だけに限られるものではありません。今日その重要性が強調されるものには、小学校との連携があります。卒園児を中心とした小学生との関わり、あるいは、行事の際の近所の小学校との交流等も挙げられます。幼児の立場からは小学校訪問、小学生の立場からは生活科の時間を使った共同体験等です。

12.1　幼保小の連携と接続の意義

（1）教育・保育現場に求められる連携と接続

　年長児クラスの3月。子どもたちは、これまで過ごした馴染みのある場所から卒園し、4月から小学校に進学します。教室、友だち、先生と、あらゆる環境が変わります。この時期の子どもたちにとって大変大きな出来事です。また、遊びが中心の幼児教育・保育と教科学習が中心の小学校教育は、かなり違っています。小学校では教科の時間割があり、教室で友だちと一緒に学ぶスタイルが多くなります。これまでの園生活との違いに戸惑い、学習中に教室を歩き回る、教室から飛び出してしまう、友だちとトラブルが起こるなど学びに向かうことができなくなり、小学校生活に適応しにくくなることがあります。このような様子は、2000年頃から「小1プロブレム」という言葉で表されています。

　幼稚園や保育所等と小学校がもっと連携し、幼児期から学童期にかけての無理な段差をなくし、幼児教育と小学校教育を円滑に接続することが必要です。連携、接続どちらの言葉にも、「幼児期の育ちや学びを小学校につなぐ」という意味があります。しかし、この2つの言葉には違いもあって区別されるものです。連携は、主に幼稚園や保育所等と小学校との交流活動や、各学校園で教師と保育者が情報交換を行うことです。具体的には、教師と保育者との相互理解のため合同研修を行ったり、保育者から小学校の教師へ幼児期

の子どもの様子を伝えたりすることなどを指します。接続は、主にカリキュラム（教育課程）のつながりのことを指します。

（2）幼児期の終わりまでに育ってほしい姿

　そもそも幼児は何を学んでいるのか、どんな育ちをしているのかなど、幼児期の成長は見えにくいと言われています。小学校以降の学校の教師にとって、一見すると幼児は「遊んでいるだけでは？」と思われるかもしれません。そこで、特に5歳児後半に見られるようになる具体的な姿として示されたのが、「幼児期の終わりまでに育ってほしい姿」[1]（表12-1）です。幼児教育において、育てたい資質・能力をさらに具体化したものと言えます。

　この「幼児期の終わりまでに育ってほしい姿」をもとに、保育者は幼児の

表12-1
幼児期の終わりまでに育ってほしい姿[1]
（これは「幼稚園教育要領」に記載の内容だが、「保育所保育指針」「幼保連携型認定こども園教育・保育要領」に記載の内容もほぼ同じである）

（1）	健康な心と体	幼稚園生活の中で、充実感をもって自分のやりたいことに向かって心と体を十分に働かせ、見通しをもって行動し、自ら健康で安全な生活をつくり出すようになる。
（2）	自立心	身近な環境に主体的に関わり様々な活動を楽しむ中で、しなければならないことを自覚し、自分の力で行うために考えたり、工夫したりしながら、諦めずにやり遂げることで達成感を味わい、自信をもって行動するようになる。
（3）	協同性	友達と関わる中で、互いの思いや考えなどを共有し、共通の目的の実現に向けて、考えたり、工夫したり、協力したりし、充実感をもってやり遂げるようになる。
（4）	道徳性・規範意識の芽生え	友達と様々な体験を重ねる中で、してよいことや悪いことが分かり、自分の行動を振り返ったり、友達の気持ちに共感したりし、相手の立場に立って行動するようになる。また、きまりを守る必要性が分かり、自分の気持ちを調整し、友達と折り合いを付けながら、きまりをつくったり、守ったりするようになる。
（5）	社会生活との関わり	家族を大切にしようとする気持ちをもつとともに、地域の身近な人と触れ合う中で、人との様々な関わり方に気付き、相手の気持ちを考えて関わり、自分が役に立つ喜びを感じ、地域に親しみをもつようになる。また、幼稚園内外の様々な環境に関わる中で、遊びや生活に必要な情報を取り入れ、情報に基づき判断したり、情報を伝え合ったり、活用したりするなど、情報を役立てながら活動するようになるとともに、公共の施設を大切に利用するなどして、社会とのつながりなどを意識するようになる。
（6）	思考力の芽生え	身近な事象に積極的に関わる中で、物の性質や仕組みなどを感じ取ったり、気付いたりし、考えたり、予想したり、工夫したりするなど、多様な関わりを楽しむようになる。また、友達の様々な考えに触れる中で、自分と異なる考えがあることに気付き、自ら判断したり、考え直したりするなど、新しい考えを生み出す喜びを味わいながら、自分の考えをよりよいものにするようになる。
（7）	自然との関わり・生命尊重	自然に触れて感動する体験を通して、自然の変化などを感じ取り、好奇心や探究心をもって考え言葉などで表現しながら、身近な事象への関心が高まるとともに、自然への愛情や畏敬の念をもつようになる。また、身近な動植物に心を動かされる中で、生命の不思議さや尊さに気付き、身近な動植物への接し方を考え、命あるものとしていたわり、大切にする気持ちをもって関わるようになる。
（8）	数量や図形、標識や文字などへの関心・感覚	遊びや生活の中で、数量や図形、標識や文字などに親しむ体験を重ねたり、標識や文字の役割に気付いたりし、自らの必要感に基づきこれらを活用し、興味や関心、感覚をもつようになる。
（9）	言葉による伝え合い	先生や友達と心を通わせる中で、絵本や物語などに親しみながら、豊かな言葉や表現を身に付け、経験したことや考えたことなどを言葉で伝えたり、相手の話を注意して聞いたりし、言葉による伝え合いを楽しむようになる。
（10）	豊かな感性と表現	心を動かす出来事などに触れ感性を働かせる中で、様々な素材の特徴や表現の仕方などに気付き、感じたことや考えたことを自分で表現したり、友達同士で表現する過程を楽しんだりし、表現する喜びを味わい、意欲をもつようになる。

成長について、小学校の教師と一緒に語り合うことができます。さらに、小学校入学後の姿と照らし合わせ、小学校の教育課程に生かすこともできます。

幼稚園教育要領（2017年告示）でも、幼児教育と小学校教育の連携・接続について、

> （2）幼稚園教育において育まれた資質・能力を踏まえ、小学校教育が円滑に行われるよう、小学校の教師との意見交換や合同の研究の機会などを設け、「幼児期の終わりまでに育ってほしい姿」を共有するなど連携を図り、幼稚園教育と小学校教育との円滑な接続を図るよう努めるものとする。
> （第1章総則　第3教育課程の役割と編成等　5小学校教育との接続に当たっての留意事項）

と書かれています。また、小学校学習指導要領（2017年告示）では、

> （1）幼児期の終わりまでに育ってほしい姿を踏まえた指導を工夫することにより、幼稚園教育要領等に基づく幼児期の教育を通して育まれた資質・能力を踏まえて教育活動を実施し、児童が主体的に自己を発揮しながら学びに向かうことが可能となるようにすること。
> （「第1章総則　第2教育課程の編成　4学校段階等間の接続」より抜粋）

> （4）幼稚園教育要領等に示す幼児期の終わりまでに育ってほしい姿との関連を考慮すること。特に、小学校入学当初においては、幼児期における遊びを通した総合的な学びから他教科等における学習に円滑に移行し、主体的に自己を発揮しながら、より自覚的な学びに向かうことが可能となるようにすること。
> （「第2章各教科　第5節生活　第3指導計画の作成と内容の取扱い1」より抜粋）

のように記載され、小学校でも幼稚園等と同じように連携・接続を重視していることがわかります。

12.2　幼稚園・保育所等と小学校との連携

（1）交流活動における幼児と小学生の人間関係

　幼児期の子どもたち、特に5歳児は、幼稚園や保育所等では年長児。一番のお兄さん、お姉さんです。日頃は、年下の友だちを優しく世話したり、反対に年下の友だちから頼られたりすることも多いでしょう。それが、小学生との交流活動では、普段とは異なる立場になり、小学生が大きく見えることでしょう。たくさん話しかけられたり助けられたりして、年長児にとって新しい人間関係の世界が広がるきっかけになります。その反対に、小学生にとって年長児は年下の存在です。特につい最近まで年長児であった1年生は、

小学校に入学した途端に、最も年下として扱われることになります。もちろん、不安がいっぱいの1年生は、上級生に優しくされる心地よさも感じることでしょう。一方で、年長児との交流活動を行うことで、いつもの小学校生活では経験できない新しい人間関係の世界が広がります。年長児も小学1年生も、普段とは違うコミュニケーションを図り、心を動かす体験ができます。

（2）年長児と小学1年生との交流活動の実際

　幼児と小学生の交流活動は、年間の教育課程に位置付けられていることが多く、主に小学1年生では生活科を中心として行われています。生活科にとどまらず他教科でも、交流活動は可能です。例えば国語科では、2月の学習に小学校の出来事や感じたことを順序よく紹介する単元があります。図画工作科では、生活科と合科的に扱い、秋の自然物を使ったおもちゃづくりを一緒に行ったり、作ったおもちゃコーナーで一緒に遊んだりする活動などが考えられます。

　筆者が勤務する鳥取大学では、附属幼稚園年長児と附属小学校1年生が、年4回の交流活動を行っています。1回目は、5月頃、附属幼稚園の園庭や園舎でのびのびと遊びます。幼児は、慣れた環境の中で過ごすことで、お兄さんお姉さんと自然な会話が生まれます。小学生にとっても、少し前に卒園した園での遊びを思い浮かべ、思い切り遊びを楽しむことができます。両者が楽しい気持ちであることで、互いにやりとりがしやすくなります。

　2回目は、7月頃、小学校で行います。小学生は、年長児にわかりやすく、そして楽しめるように学校紹介の方法を考えます。卒園して3ヵ月あまり。幼児教育と小学校教育の接続を図ることで、卒園後の育ちが発揮できます。自分たちが4月から学校探検の学習をしてきたことを生かし、年長児と一緒に校内を探検する中で、自分なりの言葉で小学校を紹介します。年長児は、小学生の説明を受け止めて、疑問に思ったことや面白いと思ったことを言葉で伝えていきます。小学生が楽しそうに紹介する姿を見て、より小学校や小学生の考えた活動に興味を持ちます。両者の関わりが、もっと人と関わることを楽しめるようになったり、物事への興味関心につながったりすることも期待できます。

　3回目は、11月頃、再び小学校で行います。年長児は最終年の園生活、1年生も小学校生活にすっかり慣れた頃の交流です。それぞれに自信をもって活動を楽しめます。そして、最後の4回目は、年明けの1月頃、幼稚園で行います。年長児には間近に迫った小学校への進学に向けて、小学生との交流を通じて、小学生になることへの期待を高めることができます。1年生には、自分たちが上級生になることへの自覚を育むことが期待できます。

　交流活動では、保育者は小学校の教師と話し合い、幼児にどのような人と

関わる力を育てたいのかねらいを設定し、活動を計画します。交流活動を通して幼児に育つと予想される姿・力は少なくありません。例えば、「1年生のやさしさを感じ、親しみをもつ」「（自分から）自分の思いを1年生に伝えたり、保育者を介して伝えようとしたりする」「1年生の思いを聞く、受け入れる」「自分の思いを調整する」「1年生と一緒に遊びを考えることに楽しさを感じる」「1年生の発想の面白さを感じる」「1年生のために、同じ年長クラスの友だちと遊びや伝えることを考える」「1年生が楽しんでくれるのが嬉しい」「1年生に自分の得意なことを教える」「1年生に憧れの気持ちをもつ」などたくさんのことが挙げられます。

（3）保育者と教師との情報共有

年長児が小学校に入学する前の2月頃から、個々の子どもがどのような成長・発達をたどってきたのか、両校園で情報共有を行います。その際には、幼児の人間関係についても話し合いを行います。「どんな友だちや集団で過ごしてきたのか」「友だちと一緒にどのような遊びを経験してきたのか」など、対人関係、コミュニケーションの傾向、人間関係において入学後に予想されることなど、情報提供・収集をします。小学校側は、話し合った情報をもとに、学校生活の具体的な場面を想定した支援を考えます。また、入学後は教師との関わりも学校生活に慣れるためにとても大切です。コミュニケーションの傾向を事前に知っておくことで、子どもがより自己表現や自己発揮できる関わり方をすることができます。

また、幼児と小学生の交流活動では、保育者と小学校の教師が同じ場面、年齢にかかわらず同じ子どもの人間関係の様子を観察し、成長・発達を見取ることができます。「この子はどのように相手の子どもと関わっていたのか」「この行動にどのような育ちが認められたか」などを保育者と教師で語り合うことができます。子ども理解が深まり、その結果、この子どもたちにとって次回の活動がさらに意義あるものになります。そして、保育者は、小学生になった子どもの姿を見て、年長児からの成長を長期的に見取ることができます。このことは、現在園で過ごす子どもたちの保育に還元され、保育の質がより高まる効果も期待できます。

小学校入学に際しては、保育現場から小学校へ、子どもの在学や指導に関する記録を送付することとなっています。幼稚園からは指導要録、保育所からは児童保育要録、認定こども園からはこども要録が送られるのですが、実際のところ、小学校側はあまり読まないと言われてきました。それには、教師の多忙に加えて、子どもに対する先入観にならないようにとの配慮があったとも言われます。もちろん、読んでもらえるように書かなければなりませんが、それだけでは必要な情報が伝わらないことがあります。この点で、ド

キュメンテーション[*1]形式の年長児保育の記録は、小学校への引継ぎ資料として役に立つことがあります。これまでの遊びの内容や学び、支援や環境構成などが可視化されて小学校に伝わります[2]。

*1 p.92の脚注参照。

（4）幼保小の合同研修と保育・授業参観（参加）

　幼稚園や保育所等の保育者と小学校の教師が合同で行う研修において、両者の子ども理解を共有するために役立つのが、前述した「幼児期の終わりまでに育ってほしい姿」（10の姿）です。例えば、次のような保育現場での幼児の育ちの様子を見取る合同研修を行うことが考えられます。その中で、幼児たちにどのような育ちが見出されるのか、保育者と教師が合同で検討します。

　例えば、保育者と小学校教師が幼児同士のお店屋さんごっこを一緒に見て、「10の姿」に照らして子どもたちにどのような成長や学びがあるのかを考えます。「協同性」の視点から「友だちと遊び方に関する思いや考えを共有する」「おいしそうに見える商品にしたいと目的をもって、友だちと商品づくりをする」などの見方が出てくるかもしれません。保育者と教師が意見交換を行うことで、幼児期から学童期の子どもの育ちについて互いに長い目で捉えることが可能となります。

　また、保育者と教師が互いの園や学校に行き、参観や参加を行えば、子どもの見方や幼保と小学校の保育・教育内容や環境構成、指導方法などについて、互いに理解を深めることができます。「ここは同じ」「ここが違う」と、互いにそれぞれのよさや、取り入れたいことなどを事後の話し合いで出し合うこともできます。通常、これは合同研修とは別に、幼保と小学校との連携の一環として行われますが、保育者と教師の学びという点では、研修と同じ意義を持つことになります。

　保育参観（参加）では、小学校の教師が実際に園に行き、幼児が遊びに没頭する姿を見たり一緒に活動をしたりします。「この子は、人との関わりのこの部分を学んでいるのかな」「この友だちとのいざこざには、子どもそれぞれの背景があるな」「園の先生は、人との関わりに対してどんな支援をしているのだろうか」など、小学校の教師が子どもの姿をじっくりと見て、学びを深く見つめることにつながります。このことで、学校現場での子ども理解をもとにした指導の在り方を振り返ることができます。

　授業参観（参加）では、幼稚園等の保育者が小学校の学習を見たり参加したりします。参観の際には、自分の思いや考えを友だちや教師に伝える、友だちの考えを取り入れるなど、具体的に見取った子どもの姿を小学校の教師に伝えます。一方で、大勢、少数、一人ひとりの学びの場と、それぞれ関わりのもたせ方を巧みに仕組む、小学校教師の指導法を学ぶことができます。また、保育者が小学校の教師と合同で授業を計画・実践することもありま

す。例えば、秋の自然物を使った遊びは、友だちと一緒に遊びを作る楽しさが味わえるように、素材の量や置き方などを、園の環境構成を参考に話し合い、工夫します。

12.3 幼稚園・保育所等と小学校との接続

(1) 幼児期に育まれた資質・能力とその後の学び

次に、幼児期の遊びを通して育まれた資質・能力を小学校の学習や生活につなぐ教育課程について説明します。これまでに、「アクションプラン」「スタートカリキュラム」など、各校園で作成されたカリキュラムが多く存在します。また、文部科学省中央教育審議会初等中等教育分科会教育課程部会幼児教育部会は、図12-1の通り、幼児教育において育みたい資質・能力の整理イメージ（たたき台）を示して、その資質・能力が小学校以上でどのような力につながるのかを明らかにしました。これを受けて、近年では、幼保と小学校が共同で具体的なカリキュラムを編成する動きが見られます。

その際には、互いに子どもの育ちにおいて目指す子ども像や具体的なねらいを持ち寄ります。例えば、鳥取大学附属幼稚園・附属小学校では、長年にわたる子どもの見取りをもとに、5歳児初期から接続期にかけての人との関わりにおいて、育てたい力を系統的にまとめています[4]。

例えば、人とのかかわり「認め合う」の項目では、5歳児最終期が、「友だちのよさや思い、考えなどを認め合う」に対し、小学1年生の4、5月

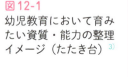

図12-1
幼児教育において育みたい資質・能力の整理イメージ（たたき台）[3]

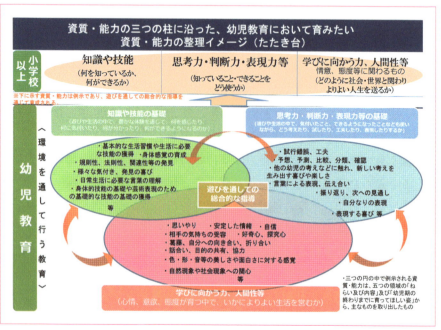

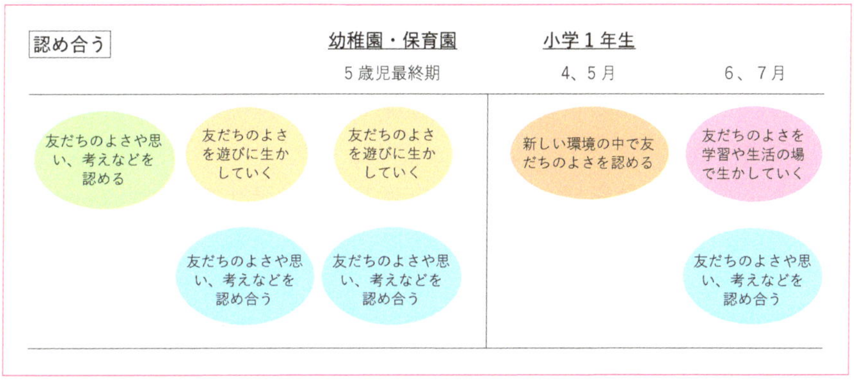

図12-2
5歳児初期から接続期にかけての人との関わりにおいて育てたい力（一部分を抜粋の上、一部改変）[4]

は、「新しい環境の中で友だちのよさを認める」となり、6、7月には、再び「友だちのよさや思い、考えなどを認め合う」という力が示されています。そして、さらには、「友だちのよさを学習や生活の場で生かしていく」という力が加えられています。5歳児の最終期は、慣れた友だちとの関わりから認め合う力が発揮されているものの、小学1年生の初めは、新しい環境と集団の中で「認め合う」ことは難しいことを示しています。このようなデータを、さらに具体的な保育計画や授業計画に生かし、教育の充実を図ります。

（2）架け橋期のカリキュラム

2021年5月、文部科学大臣より「幼児教育スタートプラン」のイメージが示され、「架け橋委員会」が設置されました。そこでは、年長児から小学校1年生の2年間を「架け橋期」とし、教育課程や指導計画をより具体化できるように「幼保小の架け橋プログラム」が策定されました。「幼児期の終わりまでに育ってほしい姿」を踏まえた架け橋期に適した活動や環境の在り方、教育方法の改善などを行います。2024年現在も、多くの地域がカリキュラムの開発に取り組んでいます。

しかしそれ以前から幼稚園・保育所等と小学校とをつなぐカリキュラムづくりは行われてきました。例えば、埼玉県では、幼児教育と小学校教育の接続期（1月から5月）における接続期プログラム、カリキュラム作成の指針が示されています[5]。その中で、「他者との関係」については、「人とかかわる力を身に付ける」「言葉で伝え合う」「きまりや約束を守る」という3つの視点でつながりを捉えています。幼児教育後期には、年下や同級生の友だちの気持ちを考えながら一緒に遊ぶのに対し、小学校初期には、友だち、上級生に親しみをもって接するといったように、「友達と一緒に遊ぶ」という姿（目標）が、それぞれの時期で示してあります。幼児教育、小学校教育両方の保育者と教師が接続期のつながりや連続性を見取ることで、これを踏まえた教育活動を行うことができます。一人ひとりの子どもの学びや育ちがつながっていきます。

（3）鳥取大学附属幼稚園・小学校の接続プログラム

　鳥取大学では、幼児期から小学校教育への円滑な接続を図ることを目的とし、接続期の教育内容のつながりをまとめました[6]。大学附属幼稚園では、幼児にとって「遊びは学び」と捉え、教育課程や指導計画（アプローチカリキュラム）を編成しています。附属小学校でも、入学当初の教育課程・指導計画について合科的・関連的な指導を工夫しています（スタートカリキュラム）。それぞれで作成していたスタートカリキュラムと、アプローチカリキュラムを、さらに育ちや学びの連続性のあるカリキュラムとするため、幼小が連携して接続プログラムの開発に取り組みました[*2]。

*2 最終的に鳥取大学附属幼小接続プログラムとしてまとめた。

図12-3
鳥取大学附属幼小接続プラグラムの表紙（左）とp.2-3（右）[6]

　この接続プログラムでは、人間関係に関するものとして「社会性に関わる内容」の中にまとめてあります。例えば、「伝える・表現する」という視点で見ると、幼児期は「自分の考えを相手に分かるように様々な方法で表現し、伝えようとする」と示されています。時に保育者の支援を受けながら、身振りや言葉、絵など様々な表現で自分の思いを伝えていきます。一方で小学校1年生は、「話し合いのルールを身につけ、自分の思いや考えを身近な人（先生、組の友だち）に伝わるように自分の言葉で伝えようとする」というように、もっとよい話し方を考えたり、いろいろな対象者に言葉で伝えたりする力を育てようとしていることがわかります。

　さらに、保育者や小学校教師が、どのように取り組んだり支援したりしていくのかも例示してあります。接続期にどんな育ちを大切にし、つなげようとしているのか、保育者や教師にとっては、目標に沿った人との関わりをもたせた教育活動を考えることができ、加えて、他園・小学校へ向けたカリキュラム作成の参考資料となります。そして、保護者にとっても、育ちや学びのつながりがわかりやすくなり、家庭での人との関わりに取り入れてもらうことができます。

12.4　連携・接続における今日的課題

　もちろん、幼稚園・保育所等と小学校との連携や接続には、まだたくさんの課題があります。連携について言えば、交流活動では綿密な計画が必要です。特に幼児と小学生の双方が育つような、互いにとって意味のある活動にすることが大切です。互恵性が必要ですが、実際には一方が一方の都合に合わせる形で行われていて、負担感が拭えないこともあります。保育者と教師との共通理解については、単に参観や参加をするという形にとどまってしまうのではなく、互いにとって実りのある、自園校の保育・教育に生かせるものである必要があります。

　接続について言えば、確かに「架け橋プログラム」の策定に取り組む自治体が増えています。しかし今後さらに互いの保育者と教師が、子どもたちの円滑な学び・育ちのために協力する必要があります。また、これを一覧表にまとめることから一歩進んで、より具体的に日常の保育や学習活動に生かしていく実践が求められています。そして、そのようなカリキュラムの創造に加えて、その際の保育者と教師の関わりとして、子どもが人との関わりや周囲の環境の変化に戸惑うことを丁寧に受け止めたり支えたりすることが不可欠です。この接続期は、保育者・教師や友だちとの関わりを持ちながら主体的に学ぶ姿を育む時期であると捉えなければなりません。

引用・参考文献

1) 文部科学省『幼稚園教育要領〈平成29年告示〉』フレーベル館、2017年、pp.6-8
2) 鳥取大学附属幼稚園『「いま伸びする力」と「あと伸びする力」を育てる～幼児期の終わりまでに育ってほしい姿を視点として～』（令和3年度研究紀要第40集）、2022年、参考資料 p.19
3) 文部科学省　教育課程部会　幼児教育部会資料『資質・能力の三つの柱に沿った、幼児教育において育みたい資質・能力の整理のイメージ（たたき台）』文部科学省、2017年
https://www.mext.go.jp/b_menu/shingi/chukyo/chukyo3/057/siryo/attach/__icsFiles/afieldfile/2016/06/29/1373429_01.pdf（2024年3月28日最終閲覧）
4) 鳥取大学附属幼稚園『学びをつなぐカリキュラムの創造Ⅱ～遊びの充実をめざして～』（平成27年度研究報告第34集）、2016年、資料①p.4
5) 埼玉県教育委員会『「幼児期の教育と小学校教育の円滑な接続に向けて」パンフレット』2024年　埼玉県ホームページ
https://www.pref.saitama.lg.jp/documents/26330/600523.pdf（2024年3月28日最終閲覧）
6) 鳥取大学附属学校部・幼小接続部会『鳥取大学附属　幼小接続プログラム』2022年
http://www.fuzoku.tottori-u.ac.jp/youchien/research/img/pdf_index01.pdf（2024年4月1日最終閲覧）

・新保真紀子『小1プロブレムの予防とスタートカリキュラム』明治図書出版、2010年
・無藤隆編著『「幼児期の終わりまでに育ってほしい姿」（10の姿）と重要事項（プラス5）を見える化！10の姿プラス5・実践解説書』ひかりのくに、2018年
・湯川秀樹・山下文一監修『幼児期の教育と小学校教育をつなぐ　幼保小の「架け橋プログラム」実践のためのガイド』ミネルヴァ書房、2023年
・文部科学省『幼稚園教育要領解説』フレーベル館、2018年
・文部科学省『小学校学習指導要領解説　総則編』東洋館出版社、2018年

第13章 保育の計画・評価と領域「人間関係」

　保育は「全体的な計画・教育課程」「年間指導計画」「月指導計画（月案）」「週指導計画（週案）」に基づいて行われます。「全体的な計画・教育課程」は園の基本方針や保育理念を表しますので、クラスの保育のベースとなるものですが、実際の保育に関しては、各年齢（月齢）の標準的な発達段階と、クラスの子どもの発達状況を考慮し5領域（健康、人間関係、環境、言葉、表現）をもとに作成される年間、月、週の指導計画によって組み立てられます。この章では各指導計画の中での領域「人間関係」について考えていきます。

13.1　領域「人間関係」の難しさ

（1）領域「人間関係」と保育の実際

　領域「人間関係」は、保育の5領域の中でも特に子どもが混乱しやすい「領域」と言えるでしょう。一人ひとりの気持ちや考え、感じ方が異なるため、他の領域のように、保育者が保育内容や保育環境を整えるだけでは、うまく行かないのです。この点については、前章まででご理解いただいているかもしれませんが、ここでも保育の計画との関係でさらに確認しておきたいと思います。

　例えば領域「環境」は、クラスの子どもの平均的な認知発達を考えることである程度整えることができます。年齢によって、名前の表示を「字」ではなく「マーク」にしたり、片付ける場所の表記を「イラスト」や「写真」で表示すれば、字が読める子、読めない子が混在する年齢でも理解しやすくなります。

　領域「表現」は、主活動などで取り入れる活動を工夫することで子ども一人ひとりの表現を引き出していくことができるでしょう。領域「言葉」であれば、文字に触れる機会を主活動で取り入れたり、日常的に触れるような機会を設けることができます。領域「健康」も、一人ひとりの違いはあるもの

の、基本的には発達年齢に基づいた環境づくりや働きかけ方を考えて設定していきます。

しかし、領域「人間関係」は子ども一人ひとりの違い（行動や反応）の幅が大きいと言えます。これは乳幼児だけでなく、全年齢に言えることですが、関係性や考え方などで、一人ひとりの反応の仕方が違ってきます。当然ですが、このような違いがあること自体、年齢が低ければ低いほど理解できず混乱しやすくなります。

事例1　手をつなごう

　3歳児クラスが散歩に出かける場面で、担任が「お友だちと手をつないでね」と声をかけました。A男が「Bくん、手をつなごう」と言ったら「嫌だ！」と。「先生が手をつなごうって言ってたよ」とA男が言うと「嫌だ、つなぎたくない」とB介。困ったA男はそばにいたC太に「Cちゃん手つないでいい？」と聞くと「いいよ、つなごう」とつないでくれました。

　公園に着き、担任が「お友だちと仲よく遊ぼうね」と言うと、みんな一斉に遊び始めましたが、A男だけは担任のそばから離れず、何かもやもやしている様子でした。「どうしたの？」と担任が声をかけると「Bくんに手をつなごうって言ったら『嫌だ！』って……Cちゃんは『いいよ』って」とA男。A男は続けて「先生が『お友だちが嫌だと思うことはしないように』って言うけど、手をつなぐって嫌なことなの？」と言いました。担任は「どうして『嫌だ』って言ったんだろうね。Bくんに聞いてみた？　もしかしたら、他に手をつなぎたいお友だちがいたのかもしれないね。先生も一緒に聞いてみようか」と伝えてみました。

　B介のところにA男と行って理由を聞いたところ「Dちゃんとつなぎたかった」と。担任は「AくんもBくんと手をつなぎたかったんだって。帰りはつないでくれる？」と言うと「いいよ！」とB介。担任は「嫌だって言うだけだと、Bくんに嫌われたのかなって思っちゃうから、『今日はDちゃんとつなぎたい』って言うといいよね」と付け加えるとB介は「Aくん、ごめんね。帰りは手をつなごう」と言い、A男は嬉しそうでした。

　帰りの様子を見ると、A男とB介、C太とD平が手をつなぎ楽しそうに歩いていて、担任はホッとしながら見守っていました。

年齢が低いと、一人ひとり違う感じ方、考え方があることの理解が難しいことは前に述べました。事例1のA男とB介のやり取りから、A男は「お友だちが嫌だと思うこと」と「B介とC太の反応の違い」に混乱してしまったと考えられます。保育者はA男がB介の気持ちに気づけるように「もしかしたら」と別の考えを示し、B介に確認したことで、「一人ひとりの違い」を体験的に学び、対応の仕方を自分なりに考えられるようになっていきます。B介も「嫌だ」と言うだけにせず、「なぜなのか」を伝えることが大切だと学ぶことができるでしょう。保育者はこのような働きかけをすることによって、子どもの体験的学習の場を作っていくことが求められるのです。

　保育の計画を立てる際には、個別具体的な子どもや子ども集団についての理解が欠かせません。子どもの行動の意味を見取り、そしてそれを踏まえた上で、これからどのような指導援助がふさわしいのか、様々な可能性を考えて、子どもたちが体験的に学ぶ場を計画することが必要です。

（2）各年齢における領域「人間関係」

　保育所保育指針では、「3歳以上児の保育に関するねらい及び内容」の領域「人間関係」における「内容の取扱い」②と③は以下のように表されています（幼稚園教育要領、幼保連携型認定こども園教育・保育要領でも同様に表されています）。

> ②　一人一人を生かした集団を形成しながら人と関わる力を育てていくようにすること。その際、集団の生活の中で、子どもが自己を発揮し、保育士等や他の子どもに認められる体験をし、自分のよさや特徴に気付き、自信をもって行動できるようにすること。
> ③　子どもが互いに関わりを深め、協同して遊ぶようになるため、自ら行動する力を育てるとともに、他の子どもと試行錯誤しながら活動を展開する楽しさや共通の目的が実現する喜びを味わうことができるようにすること。
> （下線は引用者／保育所保育指針の「3歳以上児の保育に関するねらい及び内容」の領域「人間関係」における「内容の取扱い」より抜粋）

　下線部は特に「他者（他児）との関わり」について触れています。
　保育所保育指針の3歳未満児の「内容の取扱い」では、保育者との関わりについても多く取り上げられています。「乳児保育に関わるねらい及び内容」の場合、5領域ではなく3つの視点「健やかに伸び伸びと育つ」「身近な人と気持ちが通じ合う」「身近なものと関わり感性が育つ」で書かれており、そのうち「人間関係」と関係の深い「身近な人と気持ちが通じ合う」における「内容の取扱い」①と②は以下のように表されています（幼保連携型認定こども園教育・保育要領でも同様に表されています）。

> ① 保育士等との信頼関係に支えられて生活を確立していくことが人と関わる基盤となることを考慮して、子どもの多様な感情を受け止め、温かく受容的・応答的に関わり、一人一人に応じた適切な援助を行うようにすること。
> ② 身近な人に親しみをもって接し、自分の感情などを表し、それに相手が応答する言葉を聞くことを通して、次第に言葉が獲得されていくことを考慮して、楽しい雰囲気の中での保育士等との関わり合いを大切にし、ゆっくりと優しく話しかけるなど、積極的に言葉のやり取りを楽しむことができるようにすること。
>
> （下線は引用者／保育所保育指針の「乳児保育に関わるねらい及び内容」の「身近な人と気持ちが通じ合う」における「内容の取扱い」より抜粋）

　領域「人間関係」は、「社会性」「社交性」と言い換えることができるでしょう。他者と交わる力を身に付けるには、下線部に示されている通り、まずは保育士等の身近な人に親しく接して、さらに様々な人と関わり、一人ひとりの違いや共通点、場面・状況による変化などを体験することで学んでいきます。一人ひとりの違いや関わり方は教えられたり、短期間で理解し身に付けられるものではありません。乳児期からの積み重ねが必要なのです。そのため、乳児期に「保育士等との信頼関係」を基にし、「身近な人に親しみをもって」関わることの必要性を表しています。

　次に「1歳以上3歳未満児の保育に関わるねらい及び内容」の領域「人間関係」における「内容の取扱い」③を見てみましょう（幼保連携型認定こども園教育・保育要領でも同様に表されています）。

> ③ この時期は自己と他者との違いの認識がまだ十分ではないことから、子どもの自我の育ちを見守るとともに、保育士等が仲立ちとなって、自分の気持ちを相手に伝えることや相手の気持ちに気付くことの大切さなど、友達の気持ちや友達との関わり方を丁寧に伝えていくこと。
>
> （下線は引用者／保育所保育指針の「1歳以上3歳未満児の保育に関わるねらい及び内容」の領域「人間関係」における「内容の取扱い」より抜粋）

　1歳以降3歳未満児では最初の下線部のように、自己と他者の違い（思っていることや感じていることなど目に見えないもの）について認識できていないことが多く、それによって友だちとのもめごとが頻発するようになります。大人（保育者）は自分にとって心地よい関わりをしてくれますが、友だちは自分にとって心地よい関わりばかりをしてくれるわけではありません。自分の思い通りにならないことに怒りを感じることでトラブルにつながってしまうこともあります。そのようなとき、残りの下線部に示された通り、保育者が仲立ちとなって「どう感じたのか」「どんなふうに思っているのか」を引き出し、「○○だったんだって」「△△が嫌だったんだって」と双方に伝

えます。保育者の仲立ちを得ながら繰り返し経験していくことで、違うことを感じ考えているのだと知るようになっていきます。

　このような日々の積み重ねを乳児期から行っていても、そう簡単に人と関わる力は身に付きません。保育所保育指針等に示された、乳児、1歳以上3歳未満児、3歳以上児それぞれの「保育に関わるねらい及び内容」の領域「人間関係」に関わる項を見れば、子どもたちが体験的に人間関係について学ぶ様々な機会を少しずつ積み上げていく必要性がわかるでしょう。

13.2　保育における指導計画

(1) 指導計画の必要性

　保育・幼児教育は、領域「人間関係」をはじめとする5領域に基づいて、子どもの発達を支え、促していきます。では、5領域を保育者が意識して保育を進めていれば指導計画は不要でしょうか。いえ、そうではありません。

　実際の保育は、保育者一人ひとりの育ちや経験などによって手順や手法、働きかけ方などが異なります。また、保育者によって表現遊びが好きだったり、運動遊びが得意だったりと、無意識に自分がやりたい活動を取り入れがちにもなります。しかし、それでは保育内容に偏りが出てきてしまい、子どもの全般的な発達を支えることができません。

　特に、人との関わり方に関する領域「人間関係」は、子ども一人ひとりの発達を把握し、今どのような経験が必要なのかを考えて活動を取り入れたり、指導計画を修正していくことが必要です。戸外遊びばかりだと、体を動かすことが得意な子ばかりが目立つかもしれません。手先の細やかさが必要な活動が得意な子は、発揮する機会が少なく劣等意識を抱いてしまうかもしれません。逆もしかりです。手先が器用な子ばかりが目立つ活動では、不得意な子にとって楽しい時間にはならないかもしれません。一人ひとりが自分の力を発揮できる場があってこそ、互いに認め合えるようになるのです。特に何度も経験することで、様々な発達が促される時期ですので、計画性が低い、半ば思い付きのような保育では、積み重ねられる経験の量が少なくなってしまうことも考えられます。子ども一人ひとりが自己を発揮できるように保育することも、領域「人間関係」において、とても大切なことなのです。

　このようなことから、保育・幼児教育にとって、指導計画はその実践においてとても大切なものであることがわかるでしょう。

事例 2　互いのことを認め合う

　E夫（4歳）はあまり活発ではなく、運動遊びも不得意で、オニごっこでは一番初めにオニになってしまうことが多く見られました。子どもたちもそれがわかっていて、ほとんどの子がE夫を最初に捕まえようとしていました。E夫も悔しそうにしていますが、やりたがらないわけではなく、「次は捕まらないぞ！」と気を吐いていました。

　担任は「なぜ嫌にならないのだろう」と思い、しばらくE夫の様子を注意して見ていました。

　自由遊びの時間には一人で過ごすことが多く、外で虫を探していたり、室内で図鑑を見たりしていました。仲間外れになっている様子はなく、外で虫探しをしていると「一緒に遊ばない？」と声をかけられていることもあり、そのときは断らずに遊んでいました。

　ある日、2、3人の男の子がE夫に何かを頼んでいました。蝶を捕まえてほしいというお願いです。蝶は大人でもなかなか捕まえることが難しいのですが、E夫は事もなげに捕まえ、友だちに渡していました。

　また、ある日の散歩では、女の子たちに花を探すのを手伝ってほしいと頼まれ、それもすぐに「あっちのほうにあるはず」と、見事に見つけていました。

　頼んだ子の一人に聞くと「Eくんはなんでも知ってるんだよ。虫探しもすごいし、捕まえるのも上手なんだ。お花とか木の実とか、なんでも」と教えてくれました。

　運動が苦手で、友だちに馬鹿にされているのでは、と心配していた保育者でしたが、自分はE夫の表面的なところしか見ていなかったことに気づき、同時に子どもたちは互いのことを認め合っているのだと感じたのでした。

　E夫に「オニごっこ嫌い？」と聞くと「捕まるのは嫌だから、よける方法が知りたい」と。「速く走りたい、じゃないの？」と聞くと「頑張っても速く走れないから。でもよけるのはできそうだもん」と答え、「シュッ、シュッ」と言いながら体を左右に振って見せてくれました。一人ひとりの子どものことを、もっとよく知りたいと思う大きなきっかけになりました。

　この事例、実は筆者が保育所で担任をしているとき、実際にあったことで

す。まだ養成校を卒業したばかりで、子どものことを「子どもたち」と一括りに考えがちだった自分に、「一人ひとり」という大きな気づきを与えてくれたのがE夫と周りの子どもたちの関係でした。

　E夫は周りに認められていましたが、同じような状況でも、必ずしも事例のようにいくとは限りません。保育者は指導計画に沿って保育を進めながら、発達の状況や関係性の変化など、一人ひとりの子どもの姿によって計画を修正していくことも必要です。

（2）指導計画の実際

　以下は筆者が実際に立案した4歳児の年間指導計画、月指導計画から、領域「人間関係」の部分を抜粋したものです（表13-1）。

表13-1
筆者が作成した4歳児の年間指導計画、月指導計画から領域「人間関係」の部分を抜粋したもの

4歳児年間指導計画（抜粋） （筆者作成）

Ⅱ期（7～9月）	Ⅲ期（10～12月）
・保育者に仲立ちしてもらいながら、自分の考えを友達に伝えられるようになってくる。 ・生活班での活動で、相手の話を聞こうとするようになってくる。	・保育者に仲立ちしてもらいながらグループでの活動に取り組む中で、自分の思いや考えを表すことができるようになってくる。 ・自分の考えに、友達の考えを取り入れられるようになってくる。

4歳児8月指導計画（抜粋） （筆者作成）

内容	環境構成	予想される子どもの姿	援助・配慮事項
・簡単なルールのある遊びを楽しむ。 ・共同製作など、少人数で協力して取り組む活動を楽しむ。	・簡単なルールからはじめ、徐々に難しくしていく。 ・2人1組で取り組む遊びから取り入れる。	・ルールがわかってくると楽しめるようになる。 ・はじめはまとまらず、なかなか作品ができないが、お互いの話を聞いて考えられるようになってくる。	・簡単で盛り上がるものからはじめ、十分に楽しんでからルールを追加する。 ・時に保育者が仲立ちとなって、お互いの思いを整理していく。

4歳児9月指導計画（抜粋） （筆者作成）

内容	環境構成	予想される子どもの姿	援助・配慮事項
・ルールを守って遊び、ルールの必要性を実感する。 ・チーム対抗など競う遊びを楽しむ。	・繰り返し楽しんだ遊びにルールを加えていく。 ・体を動かすだけでなく、生活班などで協力が必要な活動を取り入れていく。	・勝ち負けにこだわりルールを守らない児が出てくることをきっかけに、ルールの大切さを実感する。 ・勝ち負けを経験し、勝つために協力すること、負けたチームへの配慮などを少しずつ理解するようになってくる。	・ルールがわかっているか確認する。ルール違反を指摘するのではなく、みんなでどうしたらよいか考える。 ・バランスを考えてチームを組み、全員が楽しめるようにする。負けたチームへの配慮を全体で考える機会を作り、思いやる気持ちに気付くような場を設けていく。

4歳児10月指導計画（抜粋） （筆者作成）

内容	環境構成	予想される子どもの姿	援助・配慮事項
・遊びに、自分たちで新しいルールを取り入れていく。 ・生活グループなど、普段から親しんでいるグループでの活動を取り入れていく。	・はじめは保育者がルールを追加し、徐々に子どもが考えるようにしていく。 ・「好きなお友達」など、グルーピングで混乱が予想されるものは避け、バランスを心掛ける。	・ルールの取り入れ方がわからず、全体が混乱しやすくなるが、時間をかけ子どもが考えるようにしたところ、少しずつ友達と一緒に考えられるようになってくる。 ・普段から親しんでいるグループのため、はじめはまとまりやすいところもあるが、活動が進んでくると、揉め事になることもあるため、保育者の仲立ちはまだ必要である。	・はじめは保育者がルールを加えたり、ヒントを与えたりし、「遊びが難しくなるけど面白くもなる」と思えるよう配慮する。 ・チーム分けのバランスが悪いと楽しめないこともある。また、身体能力だけに偏らない遊びを取り入れ、いろんな子が主役になれるよう考えていく。

　保育施設では10月が運動会になっているところが多く、友だちとの関わりを意識した活動が増えてきます。クラスや年齢によりますが、運動会のねらいに「お友だちと協力して」「みんなで楽しく」など、人との関わり（領域「人間関係」）を掲げることがあるからです。そのため各年齢とも3歳以上児では「友だちと」がねらいに入る傾向があります。

　新しいクラス（学年）になり半年ほど経つと、仲のよい友だちが定まってきますし、クラス替えが少ない保育所では、年齢が上がると、好きな遊びや興味のあるものが変わっていき、これまでとは違う友だちと仲よくなることもあります。

　月案（月指導計画）では年間指導計画をもとに、遊びや生活の中で、様々

な友だちとの関わりを促すような活動を取り入れ、「人との関わり」「社会性」「規範意識・道徳性」などに目を向けたり気付くよう具体的に計画していきます。

さらに週案（週指導計画）では、年間指導計画と月指導計画の関連を意識し、「〇〇遊び」「〇〇ごっこ」など具体的な活動を組み込み、主活動の中でどのような「学び」を提供（体験的学習）できるかを考えて、当日の保育を進めていきます。楽しく活動できるのはもちろん大切ですが、その遊びを経験したことで、どんな学びがあるのか（体験的学習）を意識した配慮、援助をすることが、保育者には求められているのです。

（3）指導計画と保育の実際

13.2（1）でも述べましたが、保育は「指導計画通りに進める」こと以上に、子どもの姿を見て、適宜修正することが大切です。子どもの成長・発達は時に予想を超えることがあります。また、何らかの要因によって、思うような結果に結びつかないこともあります。保育者が指導計画通りの保育にこだわってしまうと、実際の子どもの姿と指導計画にズレが生じてきます。そのため、当月の「子どもの姿」は、前月の「評価・反省」を受けて、それまでの実際の子どもの姿との整合性、連続性、一貫性を意識して記述する必要があります。さらに、月案作成の基本となる「年間指導計画」についても、場合によって修正が必要になることがあります。

繰り返しになりますが、領域「人間関係」は一人ひとりの違いが大きく、また関わり方も異なります。子ども一人ひとりをつぶさに観察し、指導計画を立て、必要に応じて修正する。つまり、一人ひとり異なる発達の状況への配慮を含みながら、同時にクラスや学年といった集団としての子どもたちの成長も保障する。そうすることで、子どもたち個々と集団の発達を矛盾なく支え促し、次のステップにつながるよう保育に取り組んでいく。それこそが、保育者の果たす責任であり役割なのです。

13.3　指導計画の評価・反省

保育の場では「子どもの育ちは行きつ戻りつ」という言い回しがあります。子どもは、できるようになったと思ったらできなくなったり、成長を感じていたら赤ちゃん返りになったりと、順調にはいきません。保育計画を立てる際に「行きつ戻りつ」を組み入れることはありませんが、全体で楽しめる活動を計画しつつ、一人ひとりの子どもの様子を考え、計画に幅を持たせることも大切です。個人差や「行きつ戻りつ」を念頭に置いて指導計画を立

てることで、子ども一人ひとりの成長に合わせた保育を展開しやすくなります。「這えば立て、立てば歩めの親心」のように、子どもの育ちを促しすぎることは、保育者自身にとっても窮屈な保育になるかもしれません。「子どもの育ちは行きつ戻りつ」とは、保育者自身の戒めとも言えるのでしょう。

　さて、このようなことを踏まえて、評価・反省について考えてみましょう。以前は「反省」とだけすることが多かったのですが、それでは反省点だけが目立つため、「評価・反省」とするようになりました。これによって保育のよかった点と反省点の両方に目が向けられ、よかった取り組みは継続し、反省部分を改善していくことが意識的にできるようになりました。

　指導計画の評価・反省は、保育の評価・反省でもあります。保育はその場の雰囲気や流れ、子ども同士や子どもと保育者との関係性も大きく影響します。領域「人間関係」は、非認知能力・社会情動的スキルと大きく関わりますので、保育者は日誌や日々の記録様式などに記録を残し、指導計画の評価・反省をするときに見返し思い出しながら、「よかった」「よくなかった」といういわゆる二元論的な見方をせず、「日々つながる保育」という視点で捉えていきます。繰り返しになりますが、領域「人間関係」は、保育者が意図しない場面での出来事も学びとなります。意見のぶつかり合い、遊びの中でのもめごと、一緒に楽しみながら互いの思いに気づくことなど、活動以外でも経験することが多いため、評価・反省も様々な場面に触れることになるでしょう。

　子どもは一見成長していないように見える時期があります。保育の中でも足踏みしているように思えることがあり、保育者ももどかしく感じることがあります。しかし、今度は急に成長が見られる時期も来ます。保育の成果はすぐに表れるものではなく、子どもの中に蓄積されているものもあるのです。評価・反省を重ねていくと、「あの頃から、この子はこんな力をためていたのか」と気づくこともあります。評価・反省は次につながるだけでなく、これまでの保育を見直し、気づくものでもあるのです。

　保育者は「自分の保育」と、自分を中心に考えがちですが、子どもを中心に据え、「子どもにとっての保育」を振り返り、次につなげていくことが、指導計画を「評価・反省」することだと言えるのではないでしょうか。

引用・参考文献

・厚生労働省『保育所保育指針』(厚生労働省告示第百十七号) 2017年

索引

あ行

愛着	21
アイデンティティー	80
あそび環境の4要素	6
アタッチメント	21
アタッチメントQソート法	22
安心の基地	62
安全な避難所	62
安定型	21
アンビヴァレント型	21
石井桃子	6
異年齢保育	51
「イメージ」の遊び	42
イヤイヤ期	26
インクルーシブ・カリキュラム	79
インフォーマル構造	98
エインスワース	21
エクマン	35
エプロンシアター	57
絵本	18, 46
OECD	78

か行

回避型	21
核家族	2
学習(体験)の個性化	69
架け橋委員会	121
架け橋期	121
紙芝居	63
紙芝居舞台	64
仮親	6
感覚過敏	66
感情	97
感情規則	98
感情制御	98
感情労働	97
「気になる」子ども	65
ギブソン	16
吸啜反射	20
協同遊び	31
共同注意	24
共鳴動作	23
協力者	85
倉橋惣三	17, 48

月案	131
結果論的判断	36
言語	80
原始反射	20
向社会的行動	26
合同研修(幼保小の)	119
交流活動(幼児と小学生の)	117
心の安全基地	21
心の理論	33
誤信念課題	34
個体特性	67
子ども・子育て支援法	4
こども要録	118
コミュニティコーディネーター	7
コール	35
コロナ禍	75

さ行

サイレントベイビー	39
3間の喪失	5
三項関係	24
自己鏡映像認知	25
自己肯定感	60
自己主張	34
自己制御	34
自己と他者の理解	25
自己抑制	34
自然事象	49
自然体験	48
視線追従	24
指導の個別化	69
児童文化財	18
児童保育要録	118
児童養護施設	39
指導要録	118
社会性発達チェックリスト	31
社会的感情	25
社会的参照	24
社会的相互作用	54
社会的微笑	24
週案	132
週指導計画	132
授業参加	119
授業参観	119
受容的・応答的な関わり	21

小1プロブレム	114
情緒的利用可能性	23
ショーン	102
自律的な道徳性	36
新生児	19
新生児微笑	23
新生児模倣	23
深層演技	98
信頼関係	86, 99
心理－期待環境	97
スウェーデン	78
ストレンジ・シチュエーション法	21
生理的微笑	23
接続（幼保小の）	114
接続プログラム（幼小の）	122
粗大運動	20

た行

第一言語	78
第一次間主観性	24
大家族	1
対人的感情制御	103
対乳児発話	19
多文化共生	76
多文化共生保育	80
他律的な道徳性	36
探索反射	20
単独世帯	3
父親の不在	3
チーム保育	103, 104
月指導計画	130, 131
提示	24
デジタル化	53
テ・ファーリキ	78
動機論的判断	36
道徳的判断	36
ドキュメンテーション	92, 119
特別な配慮を必要とする子ども	65
都市化	2

な行

内的作業モデル	22
二項関係	24
二項的相互作用	24
ニュージーランド	78
年間指導計画	130

は行

把握反射	20

バイリンガル教育	80
発達特性	66
バーンアウト	103
反省的実践家	102
伴走者	85
ピアジェ	36
微細運動	20
評価・反省（指導計画の）	133
表示規則	35, 98
表層演技	98
フォーマル構造	98
不適切保育	100
並行（平行）遊び	31
保育参加	90, 119
保育参観	119
保育所保育指針	7, 10
保育文化財	46
方向目標	61
ボウルビィ	21
母語	80
ホックシールド	97

ま行・や行

密室の母子	3
ミード	16
無秩序・無方向型	22
役割	98
指さし	24
養護	12
幼児期の終わりまでに育ってほしい姿	115
幼児教育スタートプラン	121
幼児教育において育みたい資質・能力の整理イメージ（たたき台）	120
幼稚園教育要領	7, 10
『幼稚園雑草』	17
幼保小の架け橋プログラム	121
幼保連携型認定こども園教育・保育要領	7, 10

ら行・わ行

ラングエッジウィーク	79
リード	17
領域「環境」	10, 12, 15
領域「健康」	10, 12, 15
領域「言葉」	10, 13, 16
領域「人間関係」	7, 10
領域「表現」	10, 14, 17
ルイス	32
連携（幼保小の）	114
連合遊び	31

編著者紹介

塩野谷　斉(しおのや　ひとし)

東京大学教育学部教育学科卒業・教育行政学科卒業。同大学院教育学研究科修士課程修了・博士課程単位取得。山口短期大学助教授、浜松短期大学助教授、日本福祉大学准教授等を経て、現在、鳥取大学地域学部教授・副学部長。この間、鳥取大学附属特別支援学校長・附属幼稚園長等を兼務。専門は保育学。著書に『保育における地域環境活用の意義と実践』(編著、古今社、2023年)、『絵本の楽しみ、絵本の見方』(古今社、2020年)、『子どもの育ちと環境-現場からの10の提言』(共編著、ひとなる書房、2008年)、『またあしたあそぼうね-幼稚園は人間力への確かな一歩-』(共編著、古今社、2007年)など。

NDC376.1　143p　26 cm

保育内容「人間関係」
理論から実践まで
2024年10月9日　第1刷発行

編著者　塩野谷　斉
発行者　篠木和久
発行所　株式会社　講談社
〒112-8001　東京都文京区音羽2-12-21
販売　(03) 5395-4415
業務　(03) 5395-3615

KODANSHA

編集　株式会社　講談社サイエンティフィク
代表　堀越俊一
〒162-0825　東京都新宿区神楽坂2-14　ノービィビル
編集　(03) 3235-3701

本文データ制作　株式会社　KPSプロダクツ
印刷・製本　株式会社　KPSプロダクツ

落丁本・乱丁本は購入書店名を明記のうえ，講談社業務宛にお送りください．送料小社負担にてお取替えします．なお，この本の内容についてのお問い合わせは，講談社サイエンティフィク宛にお願いいたします．定価はカバーに表示してあります．

©Hitoshi Shionoya, 2024

本書のコピー，スキャン，デジタル化等の無断複製は著作権法上での例外を除き禁じられています．本書を代行業者等の第三者に依頼してスキャンやデジタル化することはたとえ個人や家庭内の利用でも著作権法違反です．

JCOPY 〈(社)出版者著作権管理機構　委託出版物〉
複写される場合は，その都度事前に，(社)出版者著作権管理機構(電話03-5244-5088, FAX 03-5244-5089, e-mail : info@jcopy.or.jp)の許諾を得てください．

Printed in Japan

ISBN 978-4-06-537327-9